PIETRO'S PASTA BOOK
ピエトロのパスタ

We Love Pasta!

はじまりは、一軒のレストラン

ピエトロは福岡に本店を構えるスパゲティ専門店です。

1980年の創業以来、
いつでも気軽においしく、
日常的に食べられるスパゲティ文化を提案しようと、
常に創意工夫に満ちたメニュー作りにチャレンジしてきました。

はじまりは、小さな一軒のレストラン。
それが今では、日本各地のみならず海外にまで店舗を増やし、
ピエトロ発のユニークなオリジナルメニューは、
本当にたくさんの人々に愛されています。

そんなピエトロのレシピをどうしても知りたいという、
数多くのリクエストにお応えして、
スパゲティ、アンティパスト&サラダ、ドリア&リゾット、スウィーツなど、
待望のレシピを初公開いたします。

どのレシピも、家庭で手に入る食材を使って気軽に料理できるよう、
ピエトロのスタッフたちに特別なアレンジをしてもらいました。
あなたもぜひ、
あのピエトロの味をご家庭で楽しんでください!

CONTENTS

定番スパゲティ

なすとひき肉の辛味スパゲティ …… 8
ソーセージと青じそ、にんにく、
唐辛子のスパゲティ …… 9
木の子いろいろ …… 11
ボロネーズ …… 12
カルボナーラ …… 13
サラダスパゲティ …… 14
ミートスパゲティグラタン …… 15

Special Column
野菜をもっと味わいたい

蒸したキャベツの2色ソーススパゲティ …… 17
かぶと大根の冷製カッペリーニ …… 19

アンティパスト&サラダ

ピエトロ風カツレツ …… 22
ごぼうのスパイシーフリット …… 24
揚げタコと3色ピーマンのサラダ …… 25
大根の和風フリットサラダ …… 26
カリフラワーとブロッコリーの焼きサラダ …… 27
タコと香味野菜のサラダ …… 28
かぶで巻いたイカと白菜のサラダ …… 28
新鮮トマトのカルパッチョ風サラダ …… 30
生じゃがサラダ …… 31
フレッシュリーフのシンプルサラダ …… 32
マリネキャベツとルッコラ、
クレソンのサラダ …… 32

ドリア&リゾット

なすとトマトのミートソースドリア …… 36
チキンと半熟卵のドリア …… 37
木の子いろいろクリームリゾット …… 40
海の幸のトマトリゾット …… 41

素材とソースの組み合わせ

トマトソース …… 44
ペペロンチーノソース …… 44
クリームソース …… 45
しょうゆソース …… 45

ベーコン …… 46
ソーセージ …… 48
エビ …… 50
イカ …… 52
アサリ …… 54
ツナ …… 56
チキン …… 58

素材の味を引き出す

タラコ …… 60
納豆 …… 62
高菜 …… 64
ひき肉 …… 66

温製 シェフのこだわりスパゲティ

絶望スパゲティ …… 70

ルッコラとやわらかチキンのごま風味 …… 72

まろやか卵とチキンのペペロンチーノ …… 73

カニとカニみそのスパゲティ …… 74

カニとキャベツのペペロンチーノ、
グリーンマヨネーズ添え …… 75

ピエトロ風ペスカトーレ …… 77

なすとトマトのシチリア風 …… 78

なすとポークの和風クリームスパゲティ、
ガーリック風味 …… 79

ベーコンとポテトとなすのバジルクリーム …… 81

トマトとモッツァレラの糸引きスパゲティ …… 82

冷製 シェフのこだわりスパゲティ

完熟トマトとバジリコのサラダスパゲティ …… 84

タラコの冷製スパゲティ、しそレモン風味 …… 85

カニとキャベツの冷製スパゲティ、
ミモザ仕立て …… 86

ローストチキンとなすのごま風味 …… 86

木の子のサラダスパゲティ …… 88

スウィーツ

ガトーショコラ …… 90

焼きチーズケーキ …… 90

ベリーベリーパルフェ …… 92

メープルシロップとクルミのパルフェ …… 92

スパゲティの茹で方

温製スパゲティ …… 6

冷製スパゲティ …… 6

Column
手作りソースレシピ

ガーリックオイル …… 10

ボロネーズソース …… 12

柚子サルサベルディ …… 18

自家製オレガノオイル …… 33

ビネグレットソース …… 33

グリーンマヨネーズ …… 76

ラズベリーソース …… 92

Column
手作りドレッシングレシピ

和風しょうゆ味 …… 23

和風しょうゆ味低カロリータイプ …… 24

かんきつ系ノンオイル …… 29

うめ味 …… 29

刻みたまねぎ入り …… 30

しょうが味 …… 31

和風マヨネーズ味 …… 84

この本の決まり

・計量の単位は大さじ1＝15ml、小さじ1＝5mlです。
・電子レンジ＝500Wを使用。600Wのものを使う場合は、加熱時間を2割減にしてください。
・オーブンの温度、焼き時間は、機種によって違いがあるので目安にしてください。
・ドレッシングなどのピエトロ商品の代替レシピは、家庭で手に入る材料を使って、
　商品により近い味になるように仕上げたもので、商品のオリジナルレシピではありません。

スパゲティの茹で方

［温製スパゲティ］

1 鍋にたっぷりの水を入れて沸騰させ、塩を加える。
2 茹で時間に差が出ないよう、1にスパゲティを手早く入れる。湯の温度が均一になるよう時々かき混ぜて、表示時間より約1分短く茹でる。この時、鍋から1本取り出し、芯が少し残っているアルデンテの状態であれば、OK。
3 ザルにとって手早く湯をきり、温かいうちにソースなどにからめる。

★スパゲティ約110g（1人分）に対し、お湯約1リットル、塩約小さじ1の割合。

［冷製スパゲティ］

1 鍋にたっぷりの水を入れて沸騰させ、塩を加える。
2 表示時間より約1分、スパゲティを長く茹でる。
3 茹で上がったらザルにとって、氷と塩ひとつまみを加えた水の中で手早く冷やし、水気をきる。

★スパゲティ約110g（1人分）に対し、お湯約1リットル、塩約小さじ1の割合。
★スパゲティを表示時間より長く茹でるのは、後から冷やしてしめた時に、かたくなり過ぎないようにするため。
★茹でたスパゲティを冷やす時、氷と一緒に塩ひとつまみを加えると、氷水の温度がさらに下がって、よく冷える。

定番スパゲティ

1980年の創業以来、
25年間グランドメニューとして愛され続けている、
ピエトロならではの定番スパゲティから、
大人気の7レシピをセレクトしました。

1人分のレシピはすべて
スパゲティ（1.6mm）…110gを使用します（茹で方6ページ参照）。

素揚げしたなすと和風味のひき肉がベストマッチ！
一度食べたらクセになる、
ピエトロの特別レシピ、初公開です。

なすとひき肉の辛味スパゲティ

ソーセージと青じそ、にんにく、
唐辛子のスパゲティ

粗びきソーセージと
素揚げしたピーマンの食感が絶妙!
特に男性のファンが多い大人気メニューです。

なすとひき肉の辛味スパゲティ

材料━(1人分)

トマトソース…50ml
▶作り方44ページ参照
ガーリックオイル…30ml
塩、胡椒…各適量
しょうゆソース…40ml
▶作り方45ページ参照
ひき肉トッピング…50g
▶作り方66ページ参照
なす…中1本
(揚げ油＜サラダ油など＞…適量)
※トッピング
　万能ねぎ…1本

作り方

1. 鍋にしょうゆソースを入れて弱火にかけ、ひと煮立ちしたらひき肉トッピングを加え、ほぐしながら、水分がなくなるまで煮詰める。
2. フライパンに揚げ油を入れて強火にかけ、3等分に斜め切りしたなすを素揚げし、油分をきって、軽く塩をふる。
3. 別のフライパンでトマトソースを作り、ガーリックオイルを加えて塩、胡椒で味をととのえ、アルデンテに茹で上げたスパゲティを加えてあえる。
4. 温めておいた器に3を盛りつけ、2のなすをバランスよく並べて、真ん中に1のソースをかけ、長さ3～5cmに切った万能ねぎをトッピングする。

--- ガーリックオイル ---

ピエトロの人気商品『ガーリックオイル』を使っても、自分で手作りしても、どちらでもおいしく仕上がります。

■材料(でき上がり約50ml分)
サラダ油…30ml＋20ml　にんにく…1片

■作り方
フライパンにサラダ油30mlを入れて弱火にかけ、厚さ2mmに切ったにんにくを入れる。サラダ油に色がついて香りが出てきたら、火を止めて、残りのサラダ油を加える。

ソーセージと青じそ、にんにく、唐辛子のスパゲティ

材料━(1人分)

ペペロンチーノソース…30ml
▶作り方44ページ参照
粗びきソーセージ…3本
サラダ油…適量
ピーマン…2個
(揚げ油＜サラダ油など＞…適量)
塩、黒胡椒…各適量
※トッピング
　青じそ…3～4枚

作り方

1. フライパンにサラダ油を入れて中火にかけ、半分に斜め切りした粗びきソーセージを、表面がカリカリになるまでしっかり焼く。
2. 1のフライパンから粗びきソーセージを取り出し、揚げ油を入れて強火にかけ、縦半分に切ったピーマンを素揚げし、油分をきって塩、黒胡椒をふっておく。素揚げする代わりに、多めのサラダ油で炒めてもいい。
3. 別のフライパンでペペロンチーノソースを作り、アルデンテに茹で上げたスパゲティを加え、あえる。
4. 温めておいた器に3を盛りつけ、その上に1の粗びきソーセージ、2のピーマンをバランスよく並べ、真ん中にせん切りにした青じそをトッピングする。お好みで、ペペロンチーノソースで使ったにんにく、赤唐辛子をトッピングに加えてもいい。

お店で注文する際は、
トマト、ペペロンチーノ、クリーム、しょうゆと、
お好みのソースが自由に選べるメニューです。

木の子いろいろ

材料―（1人分）

しょうゆソース…90ml
▶作り方45ページ参照
しめじ…40g
えのきだけ…30g
生しいたけ…20g
マッシュルーム（缶詰でもOK）…40g
さやいんげん…1本
バター（スパゲティにからめる）…20g
サラダ油…適量
※トッピング
　万能ねぎ…1本

作り方

1 木の子類はいしづきを切り落とし、しめじとえのきだけは、手で食べやすい大きさにほぐし、生しいたけとマッシュルームは、厚さ3mmに切る。さやいんげんは縦半分に切って、長さ5cmに切る。
2 フライパンにサラダ油を入れて中火にかけ、1の木の子類を炒め、しょうゆソース、1のさやいんげんを入れ、ひと煮立ちさせる。
3 別のフライパンにバターを入れて弱火にかけ、バターが溶けたら、アルデンテに茹で上げたスパゲティを加え、あえる。
4 温めておいた器に3を盛りつけ、その上に2のソースをかけ、長さ5cmに切った万能ねぎをトッピングする。

お馴染みの「ミートソース」は、専門店ならではのこだわりスタンダードメニューです。

ボロネーズ

材料―（1人分）

ボロネーズソース…70g
マッシュルーム（缶詰でもOK）…20g
バター（スパゲティにからめる）…20g
※トッピング
　パルメザンチーズ…適量
　パセリ…適量

作り方

1　フライパンにボロネーズソースを入れて中火にかけ、厚さ3mmに切ったマッシュルームを加え、火を通す。
2　別のフライパンにバターを入れて弱火にかけ、バターが溶けたら、アルデンテに茹で上げたスパゲティを加え、あえる。
3　温めておいた器に2を盛りつけ、その上に1のソースをかけ、削ったパルメザンチーズ、みじん切りにしたパセリをトッピングする。

ボロネーズソース

多めに作って保存すれば、とても便利！　冷凍庫で保存すれば、約1ヶ月はおいしく食べられます。

■材料（でき上がり約650g分）

たまねぎ…1/2個
セロリ…1/3本
にんじん…1/2本
オリーブ油…大さじ2
塩…小さじ1と1/2
合びき肉…250g
小麦粉…大さじ2
赤ワイン…100ml
ホールトマト（缶詰）…1缶（400g）
砂糖…小さじ2
にんにく…1片
ローリエ…1枚
ブイヨン（固形ブイヨンを表示通りに溶いたもの）…300ml

■作り方

1　鍋にオリーブ油を入れて中火にかけ、みじん切りにしたたまねぎとセロリ、にんじんを順に加え、塩を入れて2〜3分炒める。
2　たまねぎが透き通ったら、合びき肉を加えてしっかり炒める。合びき肉がバラバラになったら、小麦粉をふり入れ、全体がなじむように混ぜ合わせる。
3　2に赤ワインを加えてひと煮立ちしたら、ホールトマトを缶汁ごと加えてヘラでトマトをつぶしながら、砂糖を加えてよく混ぜ合わせる。
4　包丁の腹でつぶしたにんにく、ローリエ、ブイヨンを加えて混ぜ合わせ、再び煮立ったら、弱火にして、こまめにアクをすくい取る。
5　途中で数回かき混ぜながら、全体がトロリとするまで、ふたをして約1時間煮詰める。

ピエトロのカルボナーラは、素揚げしたアリュメット（太めの棒状）のベーコンが、おいしさの秘密！

カルボナーラ

材料—（1人分）
カルボナーラソース
 無塩バター…30g
 生クリーム…30ml
 牛乳…60ml
 粉チーズ…30g
 にんにく（おろしたもの）…適量
 塩、胡椒…各適量
 卵黄…1個分
ベーコン（あればブロック）…30g
（揚げ油＜サラダ油など＞…適量）
たまねぎ…30g
マッシュルーム（缶詰でもOK）…20g
サラダ油…適量
ブイヨン（固形ブイヨンを
 表示通りに溶いたもの）…20ml
粗びき黒胡椒…適量
※トッピング
 パセリ…適量

作り方

1 フライパンに揚げ油を入れて強火にかけ、太めの棒状にしたベーコンを素揚げし、油分をきっておく。

2 カルボナーラソースの準備をする。鍋に無塩バターを入れて弱火にかけ、無塩バターが溶けたら、生クリーム、牛乳を加える。ダマにならないよう注意しながら、粉チーズを少しずつ混ぜ合わせる。粉チーズが溶けたら、にんにくを加えて、塩、胡椒で味をととのえる。

3 **1**のフライパンの揚げ油をあけ、サラダ油を入れて中火にかけ、厚さ3mmに切ったたまねぎを炒める。たまねぎがしんなりしたら、厚さ3mmに切ったマッシュルーム、**1**のベーコンを入れ、軽く炒める。

4 カルボナーラソースを仕上げる。ボウルに卵黄を入れて溶き、粗熱の取れた**2**を少しずつ加え、しっかり混ぜ合わせる。

5 **4**のボウルにアルデンテに茹で上げたスパゲティを加えてあえ、別のフライパンに入れ、ブイヨンを加えてさっと火を通す。

6 温めておいた器に**5**を盛りつけ、その上に**3**の具材をのせ、粗びき黒胡椒をふり、みじん切りにしたパセリをトッピングする。

サラダとスパゲティを一緒に食べられないかしら？
そんなユニークな発想から生まれた、
女性の支持率ナンバー1のメニューです。

サラダスパゲティ

ミートスパゲティ
グラタン

ロングパスタで作るグラタンは
ボリュームたっぷり、
満腹になれるアツアツのごちそうです。

サラダスパゲティ

材料―（1人分）

レタス…70g
トマト…中1/4個
きゅうり…1/4本
たまねぎ…10g
にんじん…10g
りんご（厚さ5mmのくし形）…2切れ
（水…適量、塩…適量）
ホワイトアスパラガス（缶詰）…1本
ホールコーン（缶詰）…20g
山菜ミックス（瓶詰）…30g
ブロッコリー…2房
（水…適量）
茹で卵…1個
市販の和風しょうゆ味のドレッシング…70ml

作り方

1 野菜類は、よく洗って水気をきっておく。レタスは大きめのひと口大、トマトはくし形2切れに、きゅうりはスティック2本に、たまねぎは厚さ1mmに、にんじんはせん切りにする。りんごは塩水にくぐらせ、水気をきる。ホワイトアスパラガスとホールコーン、山菜ミックスは、それぞれ缶や瓶から出し、汁気をよくきる。鍋に水を入れて沸騰させ、ブロッコリーをさっと茹でて水気をきり、粗熱を取って冷ましておく。

2 冷やしておいた器の半分に冷製用に茹で上げたスパゲティを盛りつけ、その上に厚さ5mmに切った茹で卵を並べる。器の残り半分に1の野菜類とりんごを盛りつけ、食べる直前に、市販の和風しょうゆ味のドレッシングをかける。

★ドレッシングは、『ピエトロドレッシング 和風しょうゆ味』がおすすめ。
▶手作りレシピ23ページ参照

ミートスパゲティグラタン

材料―（1人分）

トマトソース…50ml
▶作り方44ページ参照
ボロネーズソース…70g
▶作り方12ページ参照
マッシュルーム（缶詰でもOK）…10g
ピザ用シュレッドチーズ…60g
※トッピング
　パセリ…適量

作り方

1 フライパンでトマトソースを作り、アルデンテより約1分短く茹で上げたスパゲティを加え、あえる。

2 別のフライパンにボロネーズソースを入れて中火にかけ、厚さ3mmに切ったマッシュルームを加え、火を通す。

3 耐熱皿に1を平らに盛り、全体を覆うように2のソースをたっぷりかける。その上にピザ用シュレッドチーズをのせ、200℃に温めておいたオーブンで、約5分焼く。

4 焼き上がったら、みじん切りにしたパセリをトッピングする。

★焼き上がりは、かなりアツアツなので、火傷に注意。

Special Column

野菜をもっと味わいたい

2005年に創立25周年を迎えたピエトロは、
"野菜でイタリアン"をコンセプトに、
次々と新しいメニューを開発しています。
25周年記念のスペシャルメニューから、
好評の2レシピを特別にご紹介します。

蒸したキャベツの
2色ソーススパゲティ

蒸したキャベツの2色ソーススパゲティ

**キャベツを存分に味わえるスパゲティ。
手作りの柚子サルサベルディが
特別なごちそう感を演出します。**

材料―(1人分)
キャベツ(芯付き)…中1/8個
ブイヨン(固形ブイヨンを
表示通りに溶いたもの)…35ml+20ml
塩、黒胡椒、胡椒…各適量
キャベツ…50g
(水…適量)
ベーコン…10g
エクストラバージンオリーブ油…5ml+10ml
生クリーム…60ml
柚子サルサベルディ…10g+15g

作り方

1. 耐熱皿に芯付きキャベツ、ブイヨン35mlを入れて塩、黒胡椒をふり、ラップをかけて、電子レンジ(500W)で約10分、加熱する。
2. 鍋に水を入れて沸騰させ、短冊状に切ったキャベツをさっと茹でて水気をきる。ベーコンは細めの短冊切りにする。
3. 鍋に残りのブイヨン、2のキャベツとベーコン、エクストラバージンオリーブ油5mlを入れて中火にかけ、水分がなくなってきたら、弱火にして、生クリーム、塩、胡椒を入れ、焦げないように混ぜ合わせ、ひと煮立ちさせる。
4. フライパンに残りのエクストラバージンオリーブ油、柚子サルサベルディ10gを入れて火を通し、アルデンテに茹で上げたスパゲティを加え、あえる。
5. 温めておいた器の半分に**1**を盛りつけ、その上に残りの柚子サルサベルディをかける。器の残り半分に**3**の具材とソース、**4**のスパゲティを盛りつける。

★1人分のレシピは、
スパゲティ(1.6mm)…70gを使用します(茹で方6ページ参照)。

柚子サルサベルディ

多めに作って保存すれば、とても便利!
温野菜サラダだけでなく、豆腐や海藻のサラダにもぴったりです。

■材料(でき上がり約60g分)
柚子胡椒…10g　市販のジェノバペースト…50g
■作り方
ボウルに柚子胡椒、市販のジェノバペーストを入れて、よく混ぜ合わせる。

★柚子胡椒はお好みで分量を調整してください。

かぶと大根の冷製カッペリーニ

かぶと大根の冷製カッペリーニ

ちょっと手間をかけた
かぶソースはほんのりと甘くて、
野菜の繊細な味わいを存分に堪能できます。

材料―(1人分)
かぶソース用ドレッシング
　たまねぎ…1/10個
　白ワインビネガー(酢でもOK)…20ml
　塩、胡椒…各適量
　自家製オレガノオイル…30ml
　▶作り方33ページ参照
かぶソース用ピューレ
　かぶ…70g
大根…60g
紅芯大根(赤かぶでもOK)…30g
(塩…適量)
オリーブ油…適量
塩、胡椒…各適量
小かぶ…1/2個
(塩…適量)
ルッコラ…2枚
トンブリ…3g
カラスミフレーク…適量
ラディッシュ…1個

作り方
1　かぶソース用ドレッシングを作る。みじん切りにしたたまねぎと白ワインビネガーを合わせてこし器に入れて、汁をボウルにしぼり出し、塩、胡椒、自家製オレガノオイルを少しずつ加えて、攪拌する。
2　細切りにした大根と紅芯大根は、塩をして10分おき、流水でしっかり洗って、水気をきる。別のボウルに大根と紅芯大根を入れて、オリーブ油、塩、胡椒を加え、よく混ぜ合わせる。小かぶは、葉の部分を2/3くらい残して縦2等分に切り、塩をして10分おき、流水でしっかり洗って、水気をきる。
3　別のボウルにトンブリ、オリーブ油、塩、胡椒を入れて、よく混ぜ合わせる。
4　かぶソース用ピューレを作る。皮を厚めにむいて1cm角に切ったかぶは、ミキサーでピューレにする。この時、水は入れないこと。
5　1のボウルに4のかぶソース用ピューレを入れて混ぜ合わせ、冷製用に茹で上げたカッペリーニを加えてあえる。
6　冷やしておいた器に5を盛りつけ、ルッコラを添えて、2の大根と紅芯大根、小かぶをのせ、3のトンブリ、カラスミフレーク、厚さ1mmの輪切りにしたラディッシュを散らす。

★1人分のレシピは、
スパゲティ(0.9mmのカッペリーニ)…70gを使用します(茹で方6ページ参照)。

アンティパスト＆サラダ

ピエトロといえば、
オリジナルのドレッシングがとても有名。
そんなピエトロのドレッシングに合う
アンティパスト＆サラダには、
根強いファンがたくさんいること、ご存知でしたか。
とっておきの11レシピ、本邦初公開です！

手作りドレッシングをおいしくするたまねぎのしぼり汁の作り方。

材料（大さじ3〜4分）
たまねぎ…1/2個
酢（白ワインビネガーでもOK）…大さじ1
作り方
みじん切りにしたたまねぎと酢を合わせてこし器に入れ、汁をしぼり出して、たまねぎのしぼり汁を作る。

パルメザンチーズを混ぜた衣をまぶして
カリッと揚げたカツレツは、
ビールにぴったりのアンティパストです。

ピエトロ風カツレツ

材料 ― (1皿分)

カツレツ
　豚もも肉…40g (4枚)
　塩、胡椒…各適量
　パン粉…適量
　パルメザンチーズ…適量
　(揚げ油＜サラダ油など＞…適量)
葉野菜 (グリーンリーフ、レタス、
　　トレビスなど)…10g
きゅうり…1/3本
プチトマト…2個
紫たまねぎ…1/8個
市販のジェノバペースト…5g
オリーブ油…10ml
市販の和風しょうゆ味の
　ドレッシング…30ml
※トッピング
　イタリアンパセリ…適量

作り方

1. カツレツを作る。豚もも肉に塩、胡椒をすり込み、パン粉と削ったパルメザンチーズを混ぜ合わせた衣をまぶす。フライパンに揚げ油を入れて170℃に熱し、豚もも肉をカリッと揚げ、油分をきって、半分にそぎ切りにする。

2. 葉野菜はよく洗って水気をきり、ひと口大に切る。きゅうりはスティック4本に、プチトマトは縦半分、紫たまねぎは厚さ1mmに切る。

3. ボウルに市販のジェノバペースト、オリーブ油を入れて、よく混ぜ合わせる。

4. 器に2の葉野菜を盛り、周りに1のカツレツを盛りつけて3をかけ、2のきゅうりとプチトマト、紫たまねぎをバランスよくのせる。最後に野菜に市販の和風しょうゆ味のドレッシングをかけ、イタリアンパセリをトッピングする。

★ドレッシングは、『ピエトロドレッシング 和風しょうゆ味』がおすすめ。

和風しょうゆ味のドレッシング

■材料 (1～2人分)
たまねぎのしぼり汁…大さじ3
▶作り方21ページ参照
しょうゆ…小さじ2
砂糖…小さじ1
マスタード…適量
にんにく (おろしたもの)…適量
塩、胡椒…各適量
酢…小さじ1
サラダ油…大さじ2

■作り方

1. ボウルにたまねぎのしぼり汁、しょうゆ、砂糖、マスタード、にんにく、塩、胡椒を入れて、よく混ぜ合わせる。

2. 1に酢を加えて混ぜ合わせ、さらにサラダ油を少しずつ混ぜて撹拌する。

ここ数年、巷で大ブームのごぼうフリットは、
揚げたてのごぼうの食感が
クセになると大評判です。

ごぼうのスパイシーフリット

材料—（1皿分）

ごぼうフリット
　ごぼう…中1本
　しょうゆ、酒…各適量
　コーンスターチ…適量
　（揚げ油＜サラダ油など＞…適量）
　スパイスパウダー（ガーリックパウダー、
　　一味唐辛子、塩、胡椒など）…適量
葉野菜（グリーンリーフ、
　　サニーレタスなど）…15g
プチトマト…2個
紫たまねぎ…1/8個
市販の和風しょうゆ味低カロリータイプの
　ドレッシング…20ml

作り方

1　ごぼうフリットを作る。ごぼうはよく洗って皮をこそげ取り、縦半分に切って、長さ7cmに切る。しばらく水にさらしてアクを抜き、しっかり水気をきってバットに並べ、しょうゆ、酒をかけて約10～20分漬け込む。ごぼうの汁気をキッチンペーパーでしっかりふき、コーンスターチをまぶす。フライパンに揚げ油を入れて150℃に熱し、ごぼうをカリッと揚げ、油分をきって、スパイスパウダーをまぶしておく。

2　葉野菜はよく洗って水気をきり、ひと口大に切る。プチトマトは縦半分、紫たまねぎは厚さ1mmに切る。

3　器に2の葉野菜をしいてプチトマト、紫たまねぎをバランスよくのせ、市販の和風しょうゆ味低カロリータイプのドレッシングをかけ、その上に1のごぼうフリットを盛りつける。

★ドレッシングは、『ピエトロドレッシング ライトタイプ』がおすすめ。

和風しょうゆ味低カロリータイプのドレッシング

■材料（1～2人分）
たまねぎのしぼり汁…大さじ3～4　　砂糖…小さじ1　　　　　　　塩、胡椒…各適量
▶作り方21ページ参照　　　　　　　マスタード…適量　　　　　　酢…小さじ1
しょうゆ…小さじ2　　　　　　　　にんにく（おろしたもの）…適量　サラダ油…大さじ1

■作り方
1　ボウルにたまねぎのしぼり汁、しょうゆ、砂糖、マスタード、にんにく、塩、胡椒を入れて、よく混ぜ合わせる。
2　1に酢を加えて混ぜ合わせ、さらにサラダ油を少しずつ混ぜて攪拌する。

前菜にもなるサラダは、
揚げたタコ、ピーマンとなすが
和風しょうゆ味のドレッシングと
絶妙にマッチ。

揚げタコと3色ピーマンのサラダ

材料―(1皿分)

揚げタコ
　茹でタコ(足)…50g
　小麦粉…適量
　(揚げ油<サラダ油など>…適量)
ピーマン(赤、黄、緑)…各15g
なす…20g
葉野菜(グリーンリーフ、
　サニーレタスなど)…10g
スライスオリーブ(緑、黒)…各20g
市販の和風しょうゆ味の
　ドレッシング…50ml
※トッピング
　パルメザンチーズ…適量

作り方

1 揚げタコを作る。フライパンに揚げ油を入れて中火にかけ、ひと口大に切って、小麦粉をまぶした茹でタコの足をカリッと揚げ、油分をきっておく。

2 1のフライパンで、乱切りにした3色のピーマン、ひと口大に切ったなすを素揚げして、油分をきり、粗熱を取って冷ましておく。

3 葉野菜はよく洗って水気をきり、ひと口大に切る。

4 器に3の葉野菜をしいて1の揚げタコ、2の3色のピーマンとなすを盛りつけ、2色のスライスオリーブを散らす。最後に市販の和風しょうゆ味のドレッシングをかけ、削ったパルメザンチーズをふりかける。

★ドレッシングは、『ピエトロドレッシング 和風しょうゆ味』がおすすめ。
▶手作りレシピ23ページ参照

大根を揚げる!?
ホクホクとした食感がたまらない、
サラダ界のニューウェイブです。

大根の和風フリットサラダ

材料—（1皿分）

大根マリネ
　大根（真ん中）…150g
　＜和風マリネ液＞
　しょうゆ…100ml
　だし汁…50ml
　にんにく（おろしたもの）…適量
　しょうが（おろしたもの）…適量
　レモンの皮（国産品をすったもの）…適量
コーンスターチ…適量
たまねぎ…1/8個
小麦粉…適量
（揚げ油＜サラダ油など＞…適量）
大根（両端の部分）…20g
葉野菜（グリーンリーフ、レタス、
　トレビスなど）…60g
ラディッシュ…1個
市販の和風しょうゆ味の
　ドレッシング…50ml

作り方

1　大根マリネを作る。ボウルに和風マリネ液用のすべての材料を入れて、よく混ぜ合わせ、厚さ1.5cmの銀杏切りにした大根をさっと茹でて水気をきり、漬け込む。できれば12時間程度。

2　大根マリネの汁気をキッチンペーパーでしっかりふき、コーンスターチをまぶす。

3　たまねぎは厚さ3mmの薄切りにし、小麦粉をまぶす。

4　鍋に揚げ油を入れて150℃に熱し、3のたまねぎをキツネ色にカリッと揚げ、油分をきっておく。次に2の大根をキツネ色にカリッと揚げ、油分をきっておく。

5　大根の両端の部分はせん切りにして、しばらく水にさらしてアクを抜き、しっかり水気をきる。葉野菜はよく洗って水気をきり、ひと口大に切る。ボウルに大根と葉野菜を入れて、よく混ぜ合わせる。

6　器に5を盛りつけ、4の大根とたまねぎをのせて、厚さ1mmに切ったラディッシュを散らし、最後に市販の和風しょうゆ味のドレッシングをかける。

★ドレッシングは『ピエトロドレッシング 和風しょうゆ味』がおすすめ。
▶手作りレシピ23ページ参照

温かい焼きサラダは
香草焼きパン粉をかけて
その食感の楽しさも味わってください。

カリフラワーとブロッコリーの焼きサラダ

材料―(1皿分)
カリフラワー…120g
ブロッコリー…30g
(水…適量)
マスタードグリーン…2枚
香草焼きパン粉
　パン粉…10g
　パセリ…適量
　アンチョビ…適量
　サラダ油…適量
ベーコン…10g
ガーリックオイル…20ml
▶作り方10ページ参照
サラダ油…30ml
塩、胡椒…各適量
茹で卵…1個

作り方

1　鍋に水を入れて沸騰させ、小房に分けたカリフラワーとブロッコリーをさっと茹でて水気をきり、粗熱を取って冷ましておく。マスタードグリーンはよく洗って水気をきり、ひと口大に手でちぎる。

2　香草焼きパン粉を作る。フライパンにサラダ油を入れて弱火にかけ、アンチョビをつぶしながら炒め、パン粉を加える。パン粉がキツネ色になったら、火からおろして粗熱を取り、刻んだパセリを加える。

3　フライパンをさっとふき、ガーリックオイル、サラダ油を入れて中火にかけ、幅1cmに切ったベーコンを炒める。フライパンからベーコンを取り出し、次に1のカリフラワーとブロッコリーを炒め、塩、胡椒で味をととのえる。

4　器に1のマスタードグリーンをしいて3のベーコン、カリフラワーとブロッコリーを盛りつけ、その上に2の香草焼きパン粉、みじん切りにした茹で卵を散らす。

かんきつ系のドレッシングと
仕上げにかけるアツアツのごま油が、
食欲を刺激します。

和食＆イタリアンの融合が絶妙なサラダ。
その盛りつけは見た目が美しいだけでなく、
食べる前からワクワク感を演出してくれます。

タコと香味野菜のサラダ

材料―（1皿分）
タコスライス…6枚
（水…適量）
クレソン…30g
万能ねぎ…5本
白ねぎ…1/3本
プチトマト…1個
サラダ菜…3枚
市販のかんきつ系ノンオイルの
　ドレッシング…35ml
ごま油…10ml

作り方
1　鍋に水を入れて沸騰させ、タコスライスをさっと茹でて水気をきり、粗熱を取って冷ましておく。
2　太い茎を除いたクレソンと万能ねぎは長さ3cmに切り、白ねぎは厚さ5mmの斜め切りにする。
3　ボウルに1のタコスライス、2の野菜類を入れて、よく混ぜ合わせる。
4　器にサラダ菜をしいて3をこんもり盛りつけ、その上に4等分にスライスしたプチトマトを散らし、最後に市販のかんきつ系ノンオイルのドレッシングをかける。
5　食べる直前に、フライパンにごま油を入れて強火にかけ、煙が出てきたら、4のサラダの全体にまわしかける。

★ドレッシングは、『ピエトロドレッシング ノンオイルかんきつ風味』がおすすめ。

かんきつ系ノンオイルのドレッシング

■材料（1～2人分）
たまねぎのしぼり汁…大さじ1
▶作り方21ページ参照
市販のぽん酢しょうゆ…大さじ2
市販のかぼす果汁（柚子、レモン果汁でもOK）…小さじ2

■作り方
ボウルにたまねぎのしぼり汁、市販のぽん酢しょうゆ、市販のかぼす果汁を入れて、よく混ぜ合わせる。

かぶで巻いたイカと白菜のサラダ

材料―（1皿分）
かぶ…1個
（塩…適量）
白菜（葉）…2枚
（水…適量）
イカそうめん…20g
（水…適量）
すき昆布（水でもどしたもの）…20g
葉野菜（グリーンリーフ、レタス、
　トレビスなど）…10g
市販のうめ味のドレッシング…20ml
トマト…中1/4個
ルッコラ…3枚
エクストラバージンオリーブ油…適量

作り方
1　かぶは厚さ1～2mmに切ったものを7枚用意し、バットに並べ、市販のうめ味のドレッシング適量（分量外）をかけて漬け込む。できれば6時間程度。残りのかぶは細切りにし、塩をして10分おき、流水でしっかり洗って、水気をきる。
2　鍋に水を入れて沸騰させ、幅5mmに切った白菜をさっと茹でて水気をきり、粗熱を取って冷ましておく。
3　鍋に新たに水を入れて沸騰させ、イカそうめんをさっと茹でて氷水につけ、手早く冷やして水気をきり、粗熱を取って冷ましておく。
4　葉野菜はよく洗って水気をきり、ひと口大に切る。
5　ボウルに1の細切りのかぶ、2の白菜、3のイカ、食べやすい大きさに切ったすき昆布を入れ、よく混ぜ合わせる。
6　器に4の葉野菜をしいて5をこんもり盛りつけ、市販のうめ味のドレッシングをかける。その上に1の厚さ1～2mmに切ったかぶをドーム状に全体を覆うようにかぶせ、周りにさいの目に切ったトマト、ルッコラを添え、最後にエクストラバージンオリーブ油をかける。

★ドレッシングは、『ピエトロドレッシング うめ』がおすすめ。

うめ味のドレッシング

■材料（1～2人分）
梅肉…小さじ2
粉末こんぶだし…小さじ2/3
砂糖…小さじ2/3
りんご酢…小さじ3
サラダ油…大さじ2

■作り方
1　ボウルにしっかりたたいてペースト状にした梅肉、粉末こんぶだし、砂糖、りんご酢を入れて、よく混ぜ合わせる。
2　1にサラダ油を少しずつ混ぜて撹拌する。

赤と黄のプチトマト、
タピオカのツブツブがかわいい！
女性好みのサラダです。

新鮮トマトのカルパッチョ風サラダ

材料—（1皿分）

完熟トマト…中1個
プチトマト（赤、黄）…各2個
白タピオカ（乾燥）…10g
（水…適量）
塩、黒胡椒…各適量
市販の刻みたまねぎ入りの
　ドレッシング…50ml
※トッピング
　ルッコラ…2枚

作り方

1 完熟トマトは縦半分に切って薄くスライスし、2色のプチトマトは縦4等分に切る。
2 鍋に水を入れて沸騰させ、白タピオカを茹でてもどし、冷水で冷ましておく。
3 器に1の完熟トマトをしいてまんべんなく塩、黒胡椒をふり、2色のプチトマト、2の白タピオカを散らす。最後に市販の刻みたまねぎ入りのドレッシングをかけ、ルッコラをトッピングする。

★ドレッシングは『ピエトロドレッシング　たまねぎフレンチ』がおすすめ。

刻みたまねぎ入りのドレッシング

■材料（1～2人分）
たまねぎのしぼり汁…大さじ2
▶作り方21ページ参照
たまねぎ（1/4個はみじん切り、1/4個はすりおろす）…1/2個
白ねぎ（みじん切り）…5g
砂糖…小さじ1
塩、黒胡椒…各適量
酢…大さじ2
サラダ油…大さじ2

■作り方
1 ボウルにたまねぎのしぼり汁、たまねぎ、白ねぎ、砂糖、塩、黒胡椒を入れて、よく混ぜ合わせる。
2 1に酢を加えて混ぜ合わせ、さらにサラダ油を少しずつ混ぜて攪拌する。

創業当時からの定番サラダは、
生のじゃがいものシャキシャキッとした
食感がたまりません！

生じゃがサラダ

材料 ―（1皿分）

じゃがいも…120g
大根…50g
レタス…2枚
ブロッコリー…2房
（水…適量）
ラディッシュ…1個
市販のしょうが味のドレッシング…50ml
※トッピング
　イタリアンパセリ…適量

作り方

1 じゃがいも、大根はせん切りにして、しばらく水にさらしてアクを抜き、しっかり水気をきる。

2 レタスはよく洗って水気をきり、大きめにちぎる。鍋に水を入れて沸騰させ、ブロッコリーをさっと茹でて水気をきり、粗熱を取って冷ましておく。ラディッシュは厚さ3mmに切る。

3 器に2のレタスをしいて1のじゃがいもと大根をこんもり盛りつけ、2のブロッコリーを添えてラディッシュをのせ、最後に市販のしょうが味のドレッシングをかけて、イタリアンパセリをトッピングする。

★ドレッシングは『ピエトロドレッシング しょうが』がおすすめ。

しょうが味のドレッシング

■材料（1〜2人分）

しょうゆ…小さじ1　　砂糖…小さじ2/3　　酢…小さじ2
しょうが（おろしたもの）　粉末こんぶだし…小さじ2/3　サラダ油…大さじ2
…小さじ1/2　　塩…適量

■作り方

1 ボウルにしょうゆ、しょうが、砂糖、粉末こんぶだし、塩を入れて、よく混ぜ合わせる。

2 1に酢を加えて混ぜ合わせ、さらにサラダ油を少しずつ混ぜて撹拌する。

マスタードグリーンのピリッとした
辛みがアクセントになった、
緑のグラデーションが目にも爽やかなサラダです。

ヨーグルトを使って
マリネしたキャベツがポイント。
ボリューム満点のヘルシーサラダです。

フレッシュリーフのシンプルサラダ

材料—（1皿分）
サニーレタス…40g
水菜…20g
ルッコラ…10g
マスタードグリーン…8g
セロリ…20g
自家製オレガノオイル…適量
岩塩…適量

作り方
1 野菜類は、よく洗って水気をきっておく。葉野菜はひと口大、セロリは筋を取って厚さ1mmの斜め切りにする。
2 器に1の野菜類をこんもり盛りつけ、食べる直前に自家製オレガノオイルをかけ、ひいた岩塩をふる。

自家製オレガノオイル

多めに作って保存すれば、とても便利！ 煮沸した瓶に入れたら、ふたをしっかり閉め、冷蔵庫に保存しましょう。

■材料（でき上がり約100ml分）
ドライオレガノ…2～4g　エクストラバージンオリーブ油…100ml
■作り方
煮沸した瓶にオレガノを入れ、エクストラバージンオリーブ油を加える。
★オレガノの香りが移るまで時間がかかるので、作り置きしておくと便利です。

マリネキャベツとルッコラ、クレソンのサラダ

材料—（1皿分）
キャベツ…80g
（水…適量、塩…適量）
ベーコン…5g
サラダ油…適量
ヨーグルト（ドリンクタイプ）…30ml
にんにく（おろしたもの）…適量
塩、胡椒…各適量
ルッコラ…20g
クレソン…20g
ビネグレットソース…30ml
※トッピング
　クルミ…5g
　トマト…中1/4個

作り方
1 鍋に水、塩を入れて沸騰させ、短冊状に切ったキャベツをさっと茹でて氷水につけ、手早く冷やして水気をよくきり、粗熱を取って冷ましておく。
2 フライパンにサラダ油を入れて中火にかけ、幅3cmに切ったベーコンを炒める。
3 ボウルに1のキャベツ、2のベーコン、ヨーグルト、にんにくを入れて混ぜ合わせ、塩、胡椒で味をととのえる。
4 ルッコラ、クレソンはよく洗って水気をきり、ひと口大に切る。
5 クルミは粗く刻み、160℃に温めておいたオーブンで、約10分ローストする。トマトはさいの目に切る。
6 器に3をこんもり盛りつけ、その上に全体を覆うように4のルッコラとクレソンをのせ、5のクルミとトマトをトッピングしたら、最後にビネグレットソースをかける。

ビネグレットソース

多めに作って保存すれば、とても便利！
サラダだけでなく、冷たいスパゲティにからめてもおいしいです。

■材料（でき上がり約150ml分）
たまねぎ…1/4個
白ワインビネガー（または酢）…大さじ4
塩…小さじ1
胡椒…適量
オリーブ油…大さじ6

■作り方
みじん切りにしたたまねぎと白ワインビネガーを合わせてこし器に入れ、汁をしぼり出してたまねぎのしぼり汁を作る。ボウルにたまねぎのしぼり汁、塩、胡椒を入れてよく混ぜ合わせ、オリーブ油を少しずつ混ぜて撹拌する。

ピエトロのドレッシング物語

1980年12月、福岡市中央区天神3丁目に
茹でたてのスパゲティを
お好みのソースと自由に選んだ具材で食べる、
スパゲティ専門店が誕生しました。

茹でたてのスパゲティを提供するレストランがまだ珍しかった当時、
茹で上がるまでの間、
お客さまが文句を言わずに待ってくれるかどうか、それが不安でした。

そこで、待ち時間にサラダを食べてもらおう！　ということになったのです。
「それならおいしいドレッシングを手作りしなくては……」

こんないきさつで、ピエトロのドレッシングは誕生しました。
それがあの、
しょうゆ味ベースにたまねぎのしぼり汁を加えたドレッシングです。

次第に口コミで評判となり、
あちらこちらから分けて欲しいとリクエストされるようになりました。

以来、野菜嫌いの子供や男性がサラダを食べたがるなど、
さまざまな物語が生まれ、
その名を知られるようになっていきます。

そして今、さまざまな種類のドレッシングが登場して、
ピエトロのドレッシングは全国に広がっています。

ドリア＆リゾット

ピエトロのオーブンから、
アツアツの４レシピが届きました。
バターライスを使った味わい深い本格メニューは、
心も体も温めてくれます。

相性抜群のトマト&なす。
ボロネーズソースをたっぷりかけて
アツアツのドリアになりました。

なすとトマトのミートソースドリア

チキンと半熟卵のドリア

素揚げしたチキンと
トロトロ半熟卵の組み合わせは、
まさに洋風の親子丼！

なすとトマトのミートソースドリア

材料―(1人分)
バターライス
　バター…10g
　ご飯…120g
　塩、胡椒…各適量
なす…中1/3本
(揚げ油＜サラダ油など＞…適量)
トマト…小1/2個
市販のホワイトソース…120g
ボロネーズソース…70g
▶作り方12ページ参照
マッシュルーム(缶詰でもOK)…20g
ピザ用シュレッドチーズ…20g
※トッピング
　パセリ…適量

作り方

1. バターライスを作る。フライパンにバターを入れて中火にかけ、ご飯を入れてよく混ぜ合わせる。ご飯全体にバターがなじんだら、塩、胡椒で味をととのえる。

2. 別のフライパンに揚げ油を入れて強火にかけ、3等分に斜め切りしたなすを素揚げし、油分をきっておく。トマトは縦4等分に切る。

3. 2のフライパンの揚げ油をあけてさっとふき、ボロネーズソースを入れて中火にかけ、厚さ3mmに切ったマッシュルームを加え、火を通す。

4. 耐熱皿の内側にサラダ油(分量外)を塗り、皿の真ん中に1のバターライスを盛りつけ、全体を覆うように市販のホワイトソースをかける。さらに3のソースをかけ、その上に2のトマトとなすを交互に少しずつ重ねながら並べる。最後にピザ用シュレッドチーズをまんべんなくのせ、200℃に温めておいたオーブンで、約5分焼く。

5. 焼き上がったら、みじん切りにしたパセリをトッピングする。

★焼き上がりは、かなりアツアツなので、火傷に注意。

チキンと半熟卵のドリア

材料—（1人分）

鶏もも肉…30g
（揚げ油＜サラダ油など＞…適量）
たまねぎ…1/8個
ベーコン…10g
マッシュルーム（缶詰でもOK）…10g
チキンブイヨン
　（固形チキンブイヨンを
　　表示通りに溶いたもの）…35ml
バター…5g
トマトソース…50ml
▶作り方44ページ参照
バターライス…120g
▶作り方38ページ参照
市販のホワイトソース…90g
ピザ用シュレッドチーズ…20g
卵…1個
※トッピング
　パセリ…適量

作り方

1　フライパンに揚げ油を入れて強火にかけ、1.5cmの角切りにした鶏もも肉を素揚げし、油分をきっておく。

2　フライパンの揚げ油をあけてさっとふき、1の鶏もも肉、1cmの角切りにしたたまねぎ、幅5mmに切ったベーコン、厚さ3mmに切ったマッシュルーム、チキンブイヨン、バターを入れて中火にかけ、よく混ぜ合わせながら煮詰める。

3　2にトマトソースを入れてひと煮立ちさせたら、火を止めて、バターライスを加えてしっかり混ぜ合わせる。

4　耐熱皿の内側にサラダ油（分量外）を塗り、皿の真ん中に3を盛りつけ、全体を覆うように市販のホワイトソースをかける。最後にピザ用シュレッドチーズをまんべんなくのせ、200℃に温めておいたオーブンで、約5分焼く。

5　焼き上がったら、真ん中を少しくぼませて卵を割り入れ、オーブンに戻して余熱で温める。卵が半熟状になったら、みじん切りにしたパセリをトッピングする。

★焼き上がりは、かなりアツアツなので、火傷に注意。

木の子いろいろクリームリゾット

手作りのチーズソースが
4種類の木の子の香りを引き出して、
テーブルにおいしい香りを漂わせます。

市販のミネストローネを利用すれば、
手間のかかるリゾットでも
簡単にできるのがうれしい！

海の幸のトマトリゾット

木の子いろいろクリームリゾット

材料一(1人分)

チーズソース…150g
　水…100ml
　生クリーム…12ml
　ゴルゴンゾーラチーズ…30g
　チキンコンソメ(顆粒状タイプ)
　　…小さじ1/4
　塩、胡椒…各適量
しめじ…20g
えのきだけ…10g
生しいたけ…10g
マッシュルーム(缶詰でもOK)…20g
サラダ油…適量
バターライス…120g
▶作り方38ページ参照
塩、胡椒…各適量
※トッピング
　パルメザンチーズ…適量
　パセリ…適量

作り方

1. チーズソースを作る。フライパンに水、生クリームを入れて弱火にかけ、温まってきたら、適当な大きさに刻んだゴルゴンゾーラチーズを加え、よく混ぜながら溶かす。全体がなめらかになったら、チキンコンソメを加え、塩、胡椒で味をととのえる。
2. 木の子類はいしづきを切り落とし、しめじとえのきだけは、手で食べやすい大きさにほぐし、生しいたけとマッシュルームは、厚さ3mmに切る。
3. 別のフライパンにサラダ油を入れて弱火にかけ、木の子類をさっと炒める。
4. 3にバターライスを入れてよく混ぜ、さらに1のチーズソースも加えて焦がさないようにしっかり混ぜ合わせ、塩、胡椒で味をととのえる。
5. 温めておいた器に4を盛りつけ、削ったパルメザンチーズ、みじん切りにしたパセリをトッピングする。

海の幸のトマトリゾット

材料一(1人分)

市販のミネストローネ…200ml
サフラン…適量
ガーリックオイル…12ml
▶作り方10ページ参照
むきエビ…20g
ムール貝…2個
イカ…10g
アサリ(むき身)…30g
ホタテ(または小柱)…15g
(白ワイン…適量)
ピーマン(赤、黄)…各15g
ブロッコリー…2房
(揚げ油<サラダ油など>…適量)
バターライス…120g
▶作り方38ページ参照
トマトソース…50ml
▶作り方44ページ参照
※トッピング
　パセリ…適量

作り方

1. ボウルに市販のミネストローネ、サフラン、ガーリックオイルを入れて、よく混ぜ合わせる。
2. 鍋に白ワインを入れて中火にかけ、竹串などで背わたを取ったむきエビ、殻をよく洗ったムール貝、幅1cmの輪切りにしたイカ、アサリ、ホタテをさっと茹でる。
3. フライパンに揚げ油を入れて強火にかけ、乱切りにした2色のピーマン、ブロッコリーを素揚げし、油分をきっておく。
4. フライパンの揚げ油をあけてさっとふき、バターライス、1のスープ、トマトソースを入れて弱火にかけ、焦がさないようにしっかり混ぜ合わせる。
5. 温めておいた器に4を盛りつけ、その上に2の魚介類、3の野菜類をバランスよく並べ、みじん切りにしたパセリをトッピングする。

素材とソースの組み合わせ

**白いご飯に合うものはスパゲティにも合う！
いろいろな具材やソースを自由に選べたら楽しい！
という発想から生まれた、
ピエトロ流スパゲティスタイルです。
ここでは人気の組み合わせレシピをご紹介していますが、
具材とソースはお好みで、
好きなものを自由に組み合わせてください。**

ピエトロの人気商品『パスタベースソース』（通信販売限定）を
茹で上がったスパゲティにからめると、
ピエトロの味により近い味わいに仕上がります。

1人分のレシピはすべて
スパゲティ（1.6mm）…110gを使用します（茹で方6ページ参照）。

トマトソース

材料 ―（でき上がり70ml分）

サラダ油…適量
にんにく…適量
市販のトマトピューレ…50g
チキンブイヨン
　（固形ブイヨンを表示通りに溶いたもの）…20ml
塩、胡椒…各適量

作り方

フライパンにサラダ油、粗く刻んだにんにくを入れて中火にかけ、香りが出たら、市販のトマトピューレ、チキンブイヨンを加えてよく混ぜ合わせ、塩、胡椒で味をととのえる。

★1人分に使うのは、でき上がりの70ml。

4 種類の基本ソース

ペペロンチーノソース

材料 ―（でき上がり30ml分）

サラダ油…18ml＋12ml
にんにく…1/2片
赤唐辛子…適量

作り方

フライパンにサラダ油18mlを入れて弱火にかけ、厚さ2mmにスライスしたにんにく、種を取って小口切りにした赤唐辛子を入れる。サラダ油に色がついて香りが出たら、火を止めて、残りのサラダ油を加える。

★1人分に使うのは、でき上がりの30ml。
★サラダ油を二度に分けて入れるのは、最初に入れたサラダ油の高温を適温に冷ますため。

クリームソース

材料―（でき上がり70ml分）
牛乳…50ml
生クリーム…20ml
塩、胡椒…各適量

作り方
鍋に牛乳を入れて弱火にかけ、よく混ぜながら生クリームを少しずつ加え、塩、胡椒で味をととのえる。
★1人分に使うのは、でき上がりの70ml。

しょうゆソース

材料―（でき上がり90ml分）
ブイヨン
　（固形ブイヨンを表示通りに溶いたもの）…35ml
白ワイン（または酒）…15ml
薄口しょうゆ…10ml
市販の白だし（濃縮タイプは水を加える）…30ml
にんにく（おろしたもの）…適量
塩、胡椒…各適量

作り方
鍋にすべての材料を入れて中火にかけ、ひと煮立ちさせる。
★1人分に使うのは、でき上がりの90ml。

素材とソースの組み合わせ

ベーコン

ベーコンの
ペペロンチーノソース

材料―（1人分）
ペペロンチーノソース…30ml ▶ 作り方44ページ参照
たまねぎ…1/4個

基本の材料
ベーコン…40g　　ブイヨン（固形ブイヨンを
サラダ油…適量　　　表示通りに溶いたもの）…35ml
　　　　　　　　　塩、胡椒…各適量

作り方
1　フライパンにサラダ油を入れて中火にかけ、幅3cmに切ったベーコンを炒めて取り出す。
2　たまねぎは厚さ1mmにスライスする。
3　フライパンをさっとふき、2のたまねぎを軽く炒め、少量のペペロンチーノソース、1のベーコン、ブイヨンを入れて中火にかけ、よく混ぜながら煮詰める。
4　3に残りのペペロンチーノソースを加えて火を通し、アルデンテに茹で上げたスパゲティを加えてあえ、塩、胡椒で味をととのえる。

ベーコン＆ほうれん草の
クリームソース

材料―（1人分）
クリームソース…70ml ▶ 作り方45ページ参照
ほうれん草…40g　（水…適量）
バター（スパゲティにからめる）…20g
基本の材料

作り方
1　ベーコンのペペロンチーノソースの作り方1と同じ。
2　鍋に水を入れて沸騰させ、ほうれん草をさっと茹でて氷水につけ、手早く冷やして色止めをする。水気をきり、長さ5cmに切る。
3　フライパンをさっとふき、少量のクリームソース、1のベーコン、2のほうれん草、ブイヨンを入れて中火にかけ、よく混ぜながら煮詰める。
4　3に残りのクリームソースを加えて火を通し、アルデンテに茹で上げ、溶かしバターをからめたスパゲティを加えてあえ、塩、胡椒で味をととのえる。

ベーコン&しめじの
しょうゆソース

材料 —（1人分）
しょうゆソース…90ml ▶ 作り方45ページ参照
しめじ（いしづきを取ったもの）…30g
バター（スパゲティにからめる）…20g
※トッピング
　刻み海苔…適量
基本の材料

作り方
1　ベーコンのペペロンチーノソースの作り方1と同じ。
2　しめじは手で食べやすい大きさにほぐす。
3　フライパンをさっとふき、少量のしょうゆソース、1のベーコン、2のしめじ、ブイヨンを入れて中火にかけ、よく混ぜながら煮詰める。
4　3に残りのしょうゆソースを加えて火を通し、アルデンテに茹で上げ、溶かしバターをからめたスパゲティを加えてあえ、塩、胡椒で味をととのえる。お好みで、刻み海苔をトッピングする。

ベーコン&なすの
ペペロンチーノソース

材料 —（1人分）
ペペロンチーノソース…30ml ▶ 作り方44ページ参照
なす…30g　（揚げ油＜サラダ油など＞…適量）
基本の材料

作り方
1　ベーコンのペペロンチーノソースの作り方1と同じ。
2　フライパンをさっとふき、揚げ油を入れて強火にかけ、厚さ8mmの輪切りにしたなすを素揚げし、油分をきっておく。
3　フライパンの揚げ油をあけてさっとふき、少量のペペロンチーノソース、1のベーコン、2のなす、ブイヨンを加えて中火にかけ、よく混ぜながら煮詰める。
4　3に残りのペペロンチーノソースを加えて火を通し、アルデンテに茹で上げたスパゲティを加えてあえ、塩、胡椒で味をととのえる。

素材とソースの組み合わせ

ソーセージ

ソーセージの
ペペロンチーノソース

材料—(1人分)
ペペロンチーノソース…30ml ▶ 作り方44ページ参照
たまねぎ…1/4個

基本の材料
　粗びきソーセージ…3本
　(揚げ油<サラダ油など>…適量)
　ブイヨン(固形ブイヨンを表示通りに溶いたもの)…35ml
　塩、胡椒…各適量

作り方

1 フライパンに揚げ油を入れて強火にかけ、半分に斜め切りにした粗びきソーセージを、表面がカリカリになるまで素揚げし、油分をきっておく。
2 たまねぎは厚さ1mmにスライスする。
3 フライパンの揚げ油をあけてさっとふき、**2**のたまねぎを軽く炒め、少量のペペロンチーノソース、**1**の粗びきソーセージ、ブイヨンを入れて中火にかけ、よく混ぜながら煮詰める。
4 **3**に残りのペペロンチーノソースを加えて火を通し、アルデンテに茹で上げたスパゲティを加えてあえ、塩、胡椒で味をととのえる。

ソーセージ&ツナの
トマトソース

材料—(1人分)
トマトソース…70ml ▶ 作り方44ページ参照
にんにく(おろしたもの)…適量
ツナ(缶詰)…45g
バター(スパゲティにからめる)…20g
基本の材料

作り方

1 ソーセージのペペロンチーノソースの作り方**1**と同じ。
2 ツナは缶から出し、缶汁をよくきって、ほぐしておく。
3 フライパンの揚げ油をあけてさっとふき、少量のトマトソース、**1**の粗びきソーセージ、**2**のツナ、ブイヨン、にんにくを入れて中火にかけ、よく混ぜながら煮詰める。
4 **3**に残りのトマトソースを加えて火を通し、アルデンテに茹で上げ、溶かしバターをからめたスパゲティを加えてあえ、塩、胡椒で味をととのえる。

ソーセージ&ほうれん草の
しょうゆソース

材料 —（1人分）
しょうゆソース…90ml ▶ 作り方45ページ参照
ほうれん草…30g
（水…適量）
バター（スパゲティにからめる）…20g
※トッピング　刻み海苔…適量
基本の材料

作り方
1　ソーセージのペペロンチーノソースの作り方1と同じ。
2　鍋に水を入れて沸騰させ、ほうれん草をさっと茹でて氷水につけ、手早く冷やして色止めをする。水気をきり、長さ5cmに切る。
3　フライパンの揚げ油をあけてさっとふき、少量のしょうゆソース、1の粗びきソーセージ、2のほうれん草、ブイヨンを入れて中火にかけ、よく混ぜながら煮詰める。
4　3に残りのしょうゆソースを加えて火を通し、アルデンテに茹で上げ、溶かしバターをからめたスパゲティを加えてあえ、塩、胡椒で味をととのえる。お好みで、刻み海苔をトッピングする。

ソーセージ&しめじの
ペペロンチーノソース

材料 —（1人分）
ペペロンチーノソース…30ml ▶ 作り方44ページ参照
しめじ（いしづきを取ったもの）…40g
基本の材料

作り方
1　ソーセージのペペロンチーノソースの作り方1と同じ。
2　しめじは手で食べやすい大きさにほぐす。
3　フライパンの揚げ油をあけてさっとふき、少量のペペロンチーノソース、1の粗びきソーセージ、2のしめじ、ブイヨンを入れて中火にかけ、よく混ぜながら煮詰める。
4　3に残りのペペロンチーノソースを加えて火を通し、アルデンテに茹で上げたスパゲティを加えてあえ、塩、胡椒で味をととのえる。

素材とソースの組み合わせ

エビ

エビの
クリームソース

材料—（1人分）
クリームソース…70ml ▶作り方45ページ参照
たまねぎ…1/4個
バター（スパゲティにからめる）…20g

基本の材料
　むきエビ…5〜6尾
　（水…適量）
　ブイヨン（固形ブイヨンを表示通りに
　　溶いたもの）…35ml
　塩、胡椒…各適量

作り方

1. 鍋に水を入れて沸騰させ、竹串などで背わたを取ったむきエビをさっと茹でる。
2. たまねぎは厚さ1mmにスライスする。
3. フライパンにサラダ油（分量外）を入れて中火にかけ、2のたまねぎを軽く炒め、少量のクリームソース、1のむきエビ、ブイヨンを加えてよく混ぜながら煮詰める。
4. 3に残りのクリームソースを加えて火を通し、アルデンテに茹で上げ、溶かしバターをからめたスパゲティを加えてあえ、塩、胡椒で味をととのえる。

エビ＆ほうれん草の
しょうゆソース

材料—（1人分）
しょうゆソース…90ml ▶作り方45ページ参照
ほうれん草…40g
（水…適量）
バター（スパゲティにからめる）…20g
※トッピング
　刻み海苔…適量
基本の材料

作り方

1. エビのクリームソースの作り方1と同じ。
2. 鍋に新たに水を入れて沸騰させ、ほうれん草をさっと茹でて氷水につけ、手早く冷やして色止めをする。水気をきり、長さ5cmに切る。
3. フライパンに少量のしょうゆソース、1のむきエビ、2のほうれん草、ブイヨンを入れて中火にかけ、よく混ぜながら煮詰める。
4. 3に残りのしょうゆソースを加えて火を通し、アルデンテに茹で上げ、溶かしバターをからめたスパゲティを加えてあえ、塩、胡椒で味をととのえる。お好みで、刻み海苔をトッピングする。

エビ&マッシュルームの
トマトソース

材料—(1人分)
トマトソース…70ml ▶ 作り方44ページ参照
にんにく(おろしたもの)…適量
マッシュルーム(缶詰でもOK)…45g
バター(スパゲティにからめる)…20g
基本の材料

作り方

1 エビのクリームソースの作り方**1**と同じ。
2 マッシュルームは厚さ3mmにスライスする。
3 フライパンに少量のトマトソース、**1**のむきエビ、**2**のマッシュルーム、ブイヨン、にんにくを入れて中火にかけ、よく混ぜながら煮詰める。
4 **3**に残りのトマトソースを加えて火を通し、アルデンテに茹で上げ、溶かしバターをからめたスパゲティを加えてあえ、塩、胡椒で味をととのえる。

エビ&しめじの
しょうゆソース

材料—(1人分)
しょうゆソース…90ml ▶ 作り方45ページ参照
しめじ(いしづきを取ったもの)…40g
バター(スパゲティにからめる)…20g
※トッピング
　刻み海苔…適量
基本の材料

作り方

1 エビのクリームソースの作り方**1**と同じ。
2 しめじは手で食べやすい大きさにほぐす。
3 フライパンに少量のしょうゆソース、**1**のむきエビ、**2**のしめじ、ブイヨンを入れて中火にかけ、よく混ぜながら煮詰める。
4 **3**に残りのしょうゆソースを加えて火を通し、アルデンテに茹で上げ、溶かしバターをからめたスパゲティを加えてあえ、塩、胡椒で味をととのえる。お好みで、刻み海苔をトッピングする。

素材とソースの組み合わせ

イカ

イカの
しょうゆソース

材料―（1人分）
しょうゆソース…90ml ▶ 作り方45ページ参照
たまねぎ…1/4個
バター（スパゲティにからめる）…20g
※トッピング
　刻み海苔…適量

基本の材料
　イカ…40g
　（水…適量）
　ブイヨン（固形ブイヨンを表示通りに
　　溶いたもの）…35ml
　塩、胡椒…各適量

作り方

1. 鍋に水を入れて沸騰させ、幅1cmの輪切りにしたイカをさっと茹でる。
2. たまねぎは厚さ1mmにスライスする。
3. フライパンにサラダ油（分量外）を入れて中火にかけ、2のたまねぎを軽く炒め、少量のしょうゆソース、1のイカ、ブイヨンを入れてよく混ぜながら煮詰める。
4. 3に残りのしょうゆソースを加えて火を通し、アルデンテに茹で上げ、溶かしバターをからめたスパゲティを加えてあえ、塩、胡椒で味をととのえる。お好みで、刻み海苔をトッピングする。

★イカは冷凍のボイルイカリングを使えば、より簡単に。

イカ＆ほうれん草の
しょうゆソース

材料―（1人分）
しょうゆソース…90ml ▶ 作り方45ページ参照
ほうれん草…40g
（水…適量）
バター（スパゲティにからめる）…20g
※トッピング
　刻み海苔…適量

基本の材料

作り方

1. イカのしょうゆソースの作り方1と同じ。
2. 鍋に新たに水を入れて沸騰させ、ほうれん草をさっと茹でて氷水につけ、手早く冷やして色止めをする。水気をきり、長さ5cmに切る。
3. フライパンに少量のしょうゆソース、1のイカ、2のほうれん草、ブイヨンを入れて中火にかけ、よく混ぜながら煮詰める。
4. 3に残りのしょうゆソースを加えて火を通し、アルデンテに茹で上げ、溶かしバターをからめたスパゲティを加えてあえ、塩、胡椒で味をととのえる。お好みで、刻み海苔をトッピングする。

イカ&グリーンアスパラガスの ペペロンチーノソース

材料―（1人分）
ペペロンチーノソース…30ml ▶ 作り方44ページ参照
グリーンアスパラガス…30g
（水…適量）
基本の材料

作り方
1 イカのしょうゆソースの作り方**1**と同じ。
2 鍋に新たに水を入れて沸騰させ、長さ5cmの斜め切りにしたグリーンアスパラガスをさっと茹でる。
3 フライパンに少量のペペロンチーノソース、**1**のイカ、**2**のグリーンアスパラガス、ブイヨンを入れて中火にかけ、よく混ぜながら煮詰める。
4 **3**に残りのペペロンチーノソースを加えて火を通し、アルデンテに茹で上げたスパゲティを加えてあえ、塩、胡椒で味をととのえる。

イカ&しめじの しょうゆソース

材料―（1人分）
しょうゆソース…90ml ▶ 作り方45ページ参照
しめじ（いしづきを取ったもの）…40g
バター（スパゲティにからめる）…20g
※トッピング
　刻み海苔…適量
基本の材料

作り方
1 イカのしょうゆソースの作り方**1**と同じ。
2 しめじは手で食べやすい大きさにほぐす。
3 フライパンに少量のしょうゆソース、**1**のイカ、**2**のしめじ、ブイヨンを入れて中火にかけ、よく混ぜながら煮詰める。
4 **3**に残りのしょうゆソースを加えて火を通し、アルデンテに茹で上げ、溶かしバターをからめたスパゲティを加えてあえ、塩、胡椒で味をととのえる。お好みで、刻み海苔をトッピングする。

素材とソースの組み合わせ

アサリ

アサリの
しょうゆソース

材料—(1人分)
しょうゆソース…90ml ▶ 作り方45ページ参照
たまねぎ…1/4個
バター(スパゲティにからめる)…20g
※トッピング
　刻み海苔…適量

基本の材料
　アサリ(むき身)…40g
　ブイヨン(固形ブイヨンを表示通りに
　　溶いたもの)…35ml
　白ワイン…20ml
　塩、胡椒…各適量

作り方
1　たまねぎは厚さ1mmにスライスする。
2　フライパンにサラダ油(分量外)を入れて中火にかけ、1のたまねぎを軽く炒め、少量のしょうゆソース、アサリ、ブイヨン、白ワインを入れてよく混ぜながら煮詰める。
3　2に残りのしょうゆソースを加えて火を通し、アルデンテに茹で上げ、溶かしバターをからめたスパゲティを加えてあえ、塩、胡椒で味をととのえる。お好みで、刻み海苔をトッピングする。

アサリ&エビの
トマトソース

材料—(1人分)
トマトソース…70ml ▶ 作り方44ページ参照
にんにく(おろしたもの)…適量
むきエビ…5尾
(水…適量)
バター(スパゲティにからめる)…20g
基本の材料

作り方
1　鍋に水を入れて沸騰させ、竹串などで背わたを取ったむきエビをさっと茹でる。
2　フライパンに少量のトマトソース、アサリ、1のむきエビ、ブイヨン、白ワイン、にんにくを入れて中火にかけ、よく混ぜながら煮詰める。
3　2に残りのトマトソースを加えて火を通し、アルデンテに茹で上げ、溶かしバターをからめたスパゲティを加えてあえ、塩、胡椒で味をととのえる。

アサリ&しめじの
ペペロンチーノソース

材料―(1人分)
ペペロンチーノソース…30ml ▶ 作り方44ページ参照
しめじ(いしづきを取ったもの)…40g
基本の材料

作り方
1 しめじは手で食べやすい大きさにほぐす。
2 フライパンに少量のペペロンチーノソース、アサリ、1のしめじ、ブイヨン、白ワインを入れて中火にかけ、よく混ぜながら煮詰める。
3 2に残りのペペロンチーノソースを加えて火を通し、アルデンテに茹で上げたスパゲティを加えてあえ、塩、胡椒で味をととのえる。

アサリ&ベーコンの
クリームソース

材料―(1人分)
クリームソース…70ml ▶ 作り方45ページ参照
ベーコン…30g
バター(スパゲティにからめる)…20g
基本の材料

作り方
1 ベーコンは幅3cmに切っておく。
2 フライパンに少量のクリームソース、アサリ、1のベーコン、ブイヨン、白ワインを入れて中火にかけ、よく混ぜながら煮詰める。
3 2に残りのクリームソースを加えて火を通し、アルデンテに茹で上げ、溶かしバターをからめたスパゲティを加えてあえ、塩、胡椒で味をととのえる。

素材とソースの組み合わせ

ツナ

ツナの
クリームソース

材料―（1人分）

クリームソース…70ml ▶ 作り方45ページ参照
たまねぎ…1/4個
バター（スパゲティにからめる）…20g

基本の材料
ツナ（缶詰）…40g
ブイヨン（固形ブイヨンを表示通りに溶いたもの）…35ml
塩、胡椒…各適量

作り方

1 ツナは缶から出し、缶汁をよくきって、ほぐしておく。
2 たまねぎは厚さ1mmにスライスする。
3 フライパンにサラダ油（分量外）を入れて中火にかけ、**2**のたまねぎを軽く炒め、少量のクリームソース、**1**のツナ、ブイヨンを入れて中火にかけ、よく混ぜながら煮詰める。
4 **3**に残りのクリームソースを加えて火を通し、アルデンテに茹で上げ、溶かしバターをからめたスパゲティを加えてあえ、塩、胡椒で味をととのえる。

ツナ＆ほうれん草の
しょうゆソース

材料―（1人分）

しょうゆソース…90ml ▶ 作り方45ページ参照
ほうれん草…30g
（水…適量）
バター（スパゲティにからめる）…20g
※トッピング
　刻み海苔…適量
基本の材料

作り方

1 ツナのクリームソースの作り方**1**と同じ。
2 鍋に水を入れて沸騰させ、ほうれん草をさっと茹でて氷水につけ、手早く冷やして色止めをする。水気をきり、長さ5cmに切る。
3 フライパンに少量のしょうゆソース、**1**のツナ、**2**のほうれん草、ブイヨンを入れて中火にかけ、よく混ぜながら煮詰める。
4 **3**に残りのしょうゆソースを加えて火を通し、アルデンテに茹で上げ、溶かしバターをからめたスパゲティを加えてあえ、塩、胡椒で味をととのえる。お好みで、刻み海苔をトッピングする。

ツナ＆マッシュルームの
しょうゆソース

材料─（1人分）
しょうゆソース…90ml ▶ 作り方45ページ参照
マッシュルーム（缶詰でもOK）…45g
バター（スパゲティにからめる）…20g
※トッピング
　刻み海苔…適量
基本の材料

作り方

1　ツナのクリームソースの作り方**1**と同じ。
2　マッシュルームは厚さ3mmにスライスする。
3　フライパンに少量のしょうゆソース、**1**のツナ、**2**のマッシュルーム、ブイヨンを入れて中火にかけ、よく混ぜながら煮詰める。
4　**3**に残りのしょうゆソースを加えて火を通し、アルデンテに茹で上げ、溶かしバターをからめたスパゲティを加えてあえ、塩、胡椒で味をととのえる。お好みで、刻み海苔をトッピングする。

ツナ＆ブロッコリーの
トマトソース

材料─（1人分）
トマトソース…70ml ▶ 作り方44ページ参照
にんにく（おろしたもの）…適量
ブロッコリー…50g
（水…適量）
バター（スパゲティにからめる）……20g
基本の材料

作り方

1　ツナのクリームソースの作り方**1**と同じ。
2　鍋に水を入れて沸騰させ、小房に分けたブロッコリーをさっと茹でて水気をきる。
3　フライパンに少量のトマトソース、**1**のツナ、**2**のブロッコリー、ブイヨン、にんにくを入れて中火にかけ、よく混ぜながら煮詰める。
4　**3**に残りのトマトソースを加えて火を通し、アルデンテに茹で上げ、溶かしバターをからめたスパゲティを加えてあえ、塩、胡椒で味をととのえる。

素材とソースの組み合わせ

チキン

チキン&しめじの
しょうゆソース

材料―（1人分）
しょうゆソース…90ml ▶ 作り方45ページ参照
しめじ（いしづきを取ったもの）…40g
バター（スパゲティにからめる）…20g
※トッピング
　刻み海苔…適量
基本の材料

作り方
1 チキンのペペロンチーノソースの作り方1と同じ。
2 しめじは手で食べやすい大きさにほぐす。
3 フライパンをさっとふき、少量のしょうゆソース、1のチキン、2のしめじ、ブイヨンを入れて中火にかけ、よく混ぜながら煮詰める。
4 3に残りのしょうゆソースを加えて火を通し、アルデンテに茹で上げ、溶かしバターをからめたスパゲティを加えてあえ、塩、胡椒で味をととのえる。お好みで、刻み海苔をトッピングする。

チキンの
ペペロンチーノソース

材料―（1人分）
ペペロンチーノソース…30ml ▶ 作り方44ページ参照
たまねぎ…1/4個

基本の材料
鶏もも肉…60g
サラダ油…適量
ブイヨン（固形ブイヨンを表示通りに溶いたもの）…35ml
塩、胡椒…各適量

作り方
1 フライパンにサラダ油を入れて中火にかけ、塩、胡椒をすり込んだ鶏もも肉を、皮の部分を下にして焼く。皮がパリパリに焼けてきたら弱火にしてふたをし、時々上下を返しながらじっくり焼く。焼き上がったら、厚めのそぎ切りにする。
2 たまねぎは厚さ1mmにスライスする。
3 フライパンをさっとふき、2のたまねぎを軽く炒め、少量のペペロンチーノソース、1のチキン、ブイヨンを入れて中火にかけ、よく混ぜながら煮詰める。
4 3に残りのペペロンチーノソースを加えて火を通し、アルデンテに茹で上げたスパゲティを加えてあえ、塩、胡椒で味をととのえる。

チキン&ほうれん草の
トマトソース

材料―（1人分）
トマトソース…70ml ▶ 作り方44ページ参照
にんにく（おろしたもの）…適量
ほうれん草…30g
（水…適量）
バター（スパゲティにからめる）…20g
基本の材料

作り方
1 チキンのペペロンチーノソースの作り方**1**と同じ。
2 鍋に水を入れて沸騰させ、ほうれん草をさっと茹でて氷水につけ、手早く冷やして色止めをする。水気をきり、長さ5cmに切る。
3 フライパンをさっとふき、少量のトマトソース、**1**のチキン、**2**のほうれん草、ブイヨン、にんにくを入れて中火にかけ、よく混ぜながら煮詰める。
4 **3**に残りのトマトソースを加えて火を通し、アルデンテに茹で上げ、溶かしバターをからめたスパゲティを加えてあえ、塩、胡椒で味をととのえる。

チキン&マッシュルームの
クリームソース

材料―（1人分）
クリームソース…70ml ▶ 作り方45ページ参照
マッシュルーム（缶詰でもOK）…45g
バター（スパゲティにからめる）…20g
基本の材料

作り方
1 チキンのペペロンチーノソースの作り方**1**と同じ。
2 マッシュルームは厚さ3mmにスライスする。
3 フライパンをさっとふき、少量のクリームソース、**1**のチキン、**2**のマッシュルーム、ブイヨンを入れて中火にかけ、よく混ぜながら煮詰める。
4 **3**に残りのクリームソースを加えて火を通し、アルデンテに茹で上げ、溶かしバターをからめたスパゲティを加えてあえ、塩、胡椒で味をととのえる。

素材の味を引き出す
タラコ

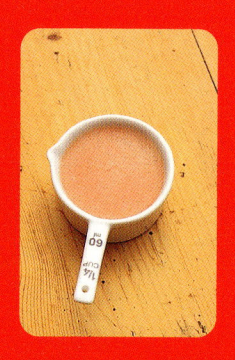

タラコソース

材料―（1人分）
タラコ…30g（約1/2腹）
バター…20g
ブイヨン（固形ブイヨンを表示通りに溶いたもの）…20ml
塩、胡椒…各適量

作り方
1 タラコは、包丁の背あるいはスプーンを使って、薄皮から身をこそげ出す。
2 フライパンにバターを入れて弱火にかけ、バターが溶けたらブイヨンを加えて、塩、胡椒で味をととのえる。火を止めて、1のタラコも加えてよく混ぜ合わせる。

タラコのスパゲティ

材料―（1人分）
タラコソース
イクラ…20g
※トッピング
　刻み海苔…適量

作り方
1 タラコソースにアルデンテに茹で上げたスパゲティを加え、あえる。
2 温めておいた器に1を盛りつけ、その上にイクラをのせ、刻み海苔をトッピングする。

タラコ＆しそ

材料—（1人分）
タラコソース
※トッピング
　青じそ…3枚

作り方
1　タラコソースにアルデンテに茹で上げたスパゲティを加え、あえる。
2　温めておいた器に1を盛りつけ、せん切りにした青じそをトッピングする。

タラコ＆イカ

材料—（1人分）
タラコソース
イカ…40g
ブイヨン（固形ブイヨンを表示通りに溶いたもの）…35ml
※トッピング
　お好みで刻み海苔…適量

作り方
1　フライパンにブイヨンを入れて中火にかけ、幅1cmの輪切りにしたイカを入れる。イカに火が通ったら、火を止めて、タラコソースを加えてよく混ぜ合わせる。
2　1にアルデンテに茹で上げたスパゲティを加え、あえる。
3　温めておいた器に2を盛りつけ、お好みで、刻み海苔をトッピングする。

タラコ＆マヨネーズ

材料—（1人分）
タラコソース
市販のマヨネーズ…30g
※トッピング
　お好みで刻み海苔…適量

作り方
1　タラコソースの作り方2で、溶けたバターにブイヨンを加える時、市販のマヨネーズも一緒に入れる。
2　1にアルデンテに茹で上げたスパゲティを加え、あえる。
3　温めておいた器に2を盛りつけ、お好みで、刻み海苔をトッピングする。

素材の味を引き出す

納豆

納豆ソース

材料—（1人分）
刻み納豆…40〜50g（1パック分）
しょうゆ…3〜5ml（お好みで加減して）
卵…1/4個
バター…20g
ブイヨン（固形ブイヨンを表示通りに溶いたもの）…40ml
万能ねぎ…適量
塩、胡椒…各適量

作り方
1 ボウルに刻み納豆、しょうゆ、卵を入れ、練り合わせる。
2 フライパンにバターを入れて弱火にかけ、バターが溶けたら1、ブイヨン、小口切りにした万能ねぎを加えて、塩、胡椒で味をととのえる。

納豆のスパゲティ

材料—（1人分）
納豆ソース
※トッピング
　刻み海苔…適量

作り方
1 納豆ソースにアルデンテに茹で上げたスパゲティを加え、あえる。
2 温めておいた器に1を盛りつけ、刻み海苔をトッピングする。

納豆&カリカリベーコン

材料—（1人分）
納豆ソース
※トッピング
　ベーコン…50g

作り方

1. フッ素樹脂加工のフライパンを油をひかずに中火にかけ、幅1cmに切ったベーコンを焼く。火が通ったら耐熱皿に入れ、ラップをかけて、電子レンジ（500W）で約60秒加熱し、カリカリベーコンを作る。
2. 納豆ソースにアルデンテに茹で上げたスパゲティを加え、あえる。
3. 温めておいた器に2を盛りつけ、1のカリカリベーコンをトッピングする。

納豆&ミートソース

材料—（1人分）
納豆ソース
ボロネーズソース…70g ▶ 作り方12ページ参照
※トッピング
　パルメザンチーズ…適量
　パセリ…適量

作り方

1. 納豆ソースにアルデンテに茹で上げたスパゲティを加え、あえる。
2. 温めておいた器に1を盛りつけ、その上にボロネーズソースをかけ、削ったパルメザンチーズ、みじん切りにしたパセリをトッピングする。

納豆&高菜

材料—（1人分）
納豆ソース
高菜トッピング…50g ▶ 作り方64ページ参照
※トッピング
　お好みで刻み海苔…適量

作り方

1. 納豆ソースにアルデンテに茹で上げたスパゲティを加え、あえる。
2. 温めておいた器に1を盛りつけ、その上に高菜トッピングをのせ、お好みで、刻み海苔をトッピングする。

素材の味を引き出す
高菜

高菜トッピング

材料―（1人分）
高菜漬け（塩抜きしたもの）…50g
しょうゆ…適量
一味唐辛子…適量
白ごま…適量

作り方
フライパンに刻んだ高菜漬け、一味唐辛子、白ごまを入れて中火にかけ、しょうゆで香りをつける。

高菜のスパゲティ

材料―（1人分）
高菜トッピング
バター（スパゲティにからめる）…20g
ブイヨン（固形ブイヨンを表示通りに溶いたもの）…20ml
塩、胡椒…各適量
※トッピング
　刻み海苔…適量

作り方
1　フライパンにバターを入れて弱火にかけ、バターが溶けたらアルデンテに茹で上げたスパゲティを加える。ブイヨンも入れてあえ、塩、胡椒で味をととのえる。
2　温めておいた器に1を盛りつけ、その上に高菜トッピングをのせ、刻み海苔をトッピングする。

高菜&ベーコン

材料 ―（1人分）
高菜トッピング
ベーコン…30g
サラダ油…適量
バター（スパゲティにからめる）…20g
ブイヨン（固形ブイヨンを表示通りに溶いたもの）…20ml
塩、胡椒…各適量
※トッピング
　お好みで刻み海苔…適量

作り方
1　フライパンにサラダ油を入れて中火にかけ、幅3cmに切ったベーコンを焼く。ベーコンに火が通ったら、高菜トッピングを加えて炒める。
2　別のフライパンにバターを入れて弱火にかけ、バターが溶けたらアルデンテに茹で上げたスパゲティを加える。ブイヨンも入れてあえ、塩、胡椒で味をととのえる。
3　温めておいた器に2を盛りつけ、その上に1をのせ、お好みで、刻み海苔をトッピングする。

高菜&ひき肉

材料 ―（1人分）
高菜トッピング
ひき肉トッピング…40g ▶ 作り方66ページ参照
バター（スパゲティにからめる）…20g
ブイヨン（固形ブイヨンを表示通りに溶いたもの）…20ml
塩、胡椒…各適量
※トッピング
　お好みで刻み海苔…適量

作り方
1　フライパンに高菜トッピングとひき肉トッピングを加えて、よく混ぜながら温める。
2　別のフライパンにバターを入れて弱火にかけ、バターが溶けたらアルデンテに茹で上げたスパゲティを加える。ブイヨンも入れてあえ、塩、胡椒で味をととのえる。
3　温めておいた器に2を盛りつけ、その上に1をのせ、お好みで、刻み海苔をトッピングする。

素材の味を引き出す
ひき肉

ひき肉トッピング

材料—（1人分）
合びき肉…40g
サラダ油…適量
しょうゆ…10ml
砂糖…小さじ1
一味唐辛子…適量

作り方
1 鍋にサラダ油を入れて中火にかけ、合びき肉をしっかり炒める。
2 合びき肉がパラパラになったら、しょうゆ、砂糖、一味唐辛子を加えて、水分がなくなるまで、ヘラで炒りつけるように混ぜ合わせる。

ひき肉のスパゲティ

材料—（1人分）
ひき肉トッピング
ガーリックオイル…30ml ▶作り方10ページ参照
トマトソース…50ml ▶作り方44ページ参照
塩、胡椒…各適量
ブイヨン（固形ブイヨンを表示通りに溶いたもの）…20ml
※トッピング
　万能ねぎ…適量

作り方
1 フライパンにガーリックオイルを入れて中火にかけ、トマトソースを加えて、塩、胡椒で味をととのえる。
2 1にアルデンテに茹で上げたスパゲティを加え、ブイヨンも入れてあえる。
3 温めておいた器に2を盛りつけ、その上にひき肉トッピングをのせ、長さ5cmに切った万能ねぎをトッピングする。

ひき肉&しめじ

材料——（1人分）
ひき肉トッピング
しめじ…40g
ガーリックオイル…30ml ▶ 作り方10ページ参照
トマトソース…50ml ▶ 作り方44ページ参照
塩、胡椒…各適量
ブイヨン（固形ブイヨンを表示通りに溶いたもの）…40ml＋20ml
※トッピング
　万能ねぎ…適量

作り方
1　鍋にブイヨン40mlを入れて中火にかけ、ひと煮立ちしたら、いしづきを切り落とし、手で食べやすい大きさにほぐしたしめじ、ひき肉トッピングを加えて、よく混ぜながら煮詰める。
2　ひき肉のスパゲティの作り方 **1** → **2** と同じ。
3　温めておいた器に**2**を盛りつけ、その上に**1**をのせ、長さ5cmに切った万能ねぎをトッピングする。

ひき肉&ほうれん草

材料——（1人分）
ひき肉トッピング
ほうれん草…40g
（水…適量）
ガーリックオイル…30ml ▶ 作り方10ページ参照
トマトソース…50ml ▶ 作り方44ページ参照
塩、胡椒…各適量
ブイヨン（固形ブイヨンを表示通りに溶いたもの）…40ml＋20ml
※トッピング
　お好みで万能ねぎ…適量

作り方
1　鍋に水を入れて沸騰させ、ほうれん草をさっと茹でて氷水につけ、手早く冷やして色止めをする。水気をきり、長さ5cmに切る。
2　鍋にブイヨン40mlを入れて中火にかけ、ひと煮立ちしたら、**1**のほうれん草、ひき肉トッピングを加えて、よく混ぜながら煮詰める。
3　ひき肉のスパゲティの作り方 **1** → **2** と同じ。
4　温めておいた器に**3**を盛りつけ、その上に**2**をのせ、お好みで、長さ5cmに切った万能ねぎをトッピングする。

ピエトロのスパゲティ物語

ピエトロ創業当時、
スパゲティといえば、ナポリタンかミートソースのことで、
専門店などまだほとんど存在していない状況でした。

そんな1980年頃、ピエトロのメニューは、
茹でたてのスパゲティに、
トマト、クリーム、和風の3種類のソースと具材を
自由に組み合わせるという、かなり独特なスタイルでした。

高菜、明太子、納豆。
スパゲティとの組み合わせにしてはちょっと意外な和風の食材が、
定番のベーコンやほうれん草などと一緒にメニューに載っています。
これは「炊きたてのご飯に合う食材なら、茹でたての麺にも合うはず」という
ピエトロならではの発想から生まれたものでした。

おもしろくて、おいしい！
そんなメニューが評判にならないわけはありません。
行列ができるほどの大盛況になるのです。

時を重ね、時代に合わせた斬新なオリジナルメニューも
次々に生み出されて好評を博していますが、
この組み合わせの妙を楽しむメニューの人気は変わることがありません。
ソースと具材のバリエーションを広げつつ、
今でもピエトロのメニューとして、多くのファンから支持されています。

温　製
シェフのこだわりスパゲティ

伝説のスパゲティから、
白いご飯にも合う味付けの
ピエトロらしいオリジナルまで、
自信の10レシピ、いよいよ登場です！

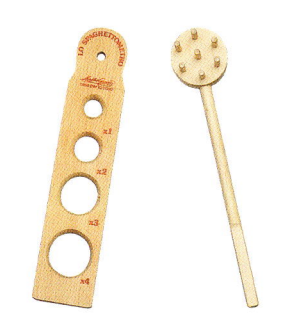

1人分のレシピはすべて
スパゲティ（1.6mm）…110gを使用します（茹で方6ページ参照）。

どんなに絶望的な気分の時でも、
このスパゲティならペロリと食べられる……、
そんな伝説をもつ不思議なメニューです。

絶望スパゲティ

材料—(1人分)
香味野菜ソース
 セミドライトマト…5g
 セロリ…10g
 たまねぎ…10g
 白ねぎ…10g
 にんじん…10g
 黒オリーブ…10g
 ケッパー…2〜3粒
 ブイヨン(固形ブイヨンを
  表示通りに溶いたもの)…40ml
 白ワイン…20ml
 にんにく(おろしたもの)…適量
 塩、胡椒…各適量
 しょうゆ…5ml
イワシマリネ
 イワシ…小2尾
 オリーブ油…適量
 パセリ…適量
 塩、胡椒…各適量
ガーリックオイル…30ml
 ▶作り方10ページ参照
※トッピング
 タイム…適量

作り方
1. イワシマリネを作る。イワシは3枚におろして、腹骨をそぎ取る。ボウルにイワシを入れて、浸るくらいの量のオリーブ油、みじん切りにしたパセリ、塩、胡椒を加え、しばらく漬け込む。
2. 香味野菜ソースを作る。セミドライトマトはさいの目切り、残りの野菜、黒オリーブ、ケッパーは粗みじんに切る。鍋に刻んだ野菜類、**1**のイワシマリネ、ブイヨン、白ワイン、にんにく、塩、胡椒、最後にしょうゆを入れて中火にかけ、水分がなくなるまで煮詰める。
3. フライパンにガーリックオイルを入れて中火にかけ、アルデンテに茹で上げたスパゲティを加えてあえ、**2**の香味野菜ソースをからめる。
4. 温めておいた器に**3**を盛りつけ、タイムをトッピングする。

★イワシマリネの代わりに、市販のオイルサーディンの缶詰を使ってもいい。

最後に加えるごま油で、
豊かな風味が引き立つ仕上がりに。
素揚げした鶏皮のカリカリとした食感もグッド！

ルッコラとやわらかチキンのごま風味

材料 —（1人分）

鶏もも肉…60g
サラダ油…適量
塩、胡椒…各適量
（揚げ油＜サラダ油など＞…適量）
ブイヨン（固形ブイヨンを
　表示通りに溶いたもの）…40ml＋20ml
白ねぎ…20g
にんにく（おろしたもの）…適量
しょうゆ…5ml
エクストラバージンオリーブ油…20ml
ごま油…3ml
ルッコラ…15g
※トッピング
　白ねぎ…5g
　黒ごま…適量

作り方

1 鶏もも肉は身と皮に分けておく。フライパンにサラダ油を入れて中火にかけ、鶏もも肉の身の部分を、上下を返しながらじっくり焼く。焼き色がついてきたら、塩、胡椒をふり、食べやすい大きさに切る。

2 同じフライパンに揚げ油を入れて強火にかけ、細かく刻んだ鶏もも肉の皮の部分をカリカリになるまで素揚げし、油分をきっておく。

3 鍋に1の鶏肉の身、ブイヨン40ml、厚さ2mmの小口切りにした白ねぎを入れて中火にかけ、水分がなくなってきたら、弱火にして、にんにく、しょうゆ、塩、胡椒、エクストラバージンオリーブ油を加えて、よく混ぜ合わせる。

4 3に残りのブイヨン、ごま油を加えて火を通し、アルデンテに茹で上げたスパゲティを加え、あえる。

5 温めておいた器に4を盛りつけ、その上にルッコラをのせ、厚さ2mmの小口切りにした白ねぎ、2の鶏肉の皮、黒ごまをトッピングする。

ローストチキンとポーチドエッグは
おいしさ抜群の組み合わせ。
白いご飯が欲しくなってしまいます。

まろやか卵とチキンのペペロンチーノ

材料—(1人分)

ペペロンチーノソース…30ml
▶作り方44ページ参照
簡単ローストチキン
 鶏もも肉…60g
 サラダ油…適量
 塩、胡椒…各適量
ブイヨン(固形ブイヨンを
 表示通りに溶いたもの)…40ml
白ねぎ…20g
香味野菜(にんじん、セロリなど)…50g
にんにく(おろしたもの)…適量
しょうゆ…20ml
黒胡椒…適量
ポーチドエッグ
 卵…1個
 (水…適量、酢…適量)
※トッピング
 万能ねぎ…2本

作り方

1. 簡単ローストチキンを作る。フライパンにサラダ油を入れて中火にかけ、塩、胡椒をすり込んだ鶏もも肉を、皮の部分を下にして焼く。皮がパリパリに焼けてきたら弱火にしてふたをし、上下を返しながらじっくり焼く。焼き上がったら、厚めのそぎ切りにする。
2. 鍋に1の簡単ローストチキン、ブイヨン、厚さ2mmの小口切りにした白ねぎ、刻んだ香味野菜、にんにく、しょうゆ、黒胡椒を入れて中火にかけ、水分がなくなるまで煮詰める。
3. ポーチドエッグを作る。鍋に水を入れ、沸騰したら酢を加え、卵を割り入れる。白身が固まったら、卵をそっと取り出し、水気をきる。
4. フライパンをさっとふいてペペロンチーノソースを作り、アルデンテに茹で上げたスパゲティを加えてあえ、2の具材をからめる。
5. 温めておいた器に4を盛りつけ、真ん中に3のポーチドエッグをのせ、長さ5cmに切った万能ねぎをトッピングする。

カニとカニみそのスパゲティ

ピエトロを代表する贅沢スパゲティ。
カニ肉缶詰やカニみその瓶詰を利用して、
ぜひおうちで作ってみてください。

カニとキャベツのペペロンチーノ、
　グリーンマヨネーズ添え

カニとキャベツの組み合わせは、
温製、冷製のどちらとも
ピエトロでは人気の高いメニューです。

カニとカニみそのスパゲティ

材料—（1人分）

トマトソース…70ml
▶作り方44ページ参照
香味野菜
　セロリ…10g
　たまねぎ…10g
　白ねぎ…10g
　にんじん…10g
ブイヨン（固形ブイヨンを
　表示通りに溶いたもの）…40ml
白ワイン…20ml
にんにく（おろしたもの）…適量
バター（スパゲティにからめる）…20g
カニ肉（缶詰でもOK）…25g
カニみそ（瓶詰でもOK）…20g
塩、胡椒…各適量
※トッピング
　パセリ…適量

作り方

1 鍋に粗みじんに切った香味野菜類、ブイヨン、白ワイン、にんにくを入れて中火にかけ、水分がなくなってきたら弱火にして、トマトソースを加えて、よく混ぜ合わせる。
2 1にカニ肉、カニみそを加えて、カニ肉が崩れないようにそっと混ぜ合わせる。
3 2にアルデンテに茹で上げ、溶かしバターをからめたスパゲティを加えてあえ、塩、胡椒で味をととのえる。
4 温めておいた器に3を盛りつけ、みじん切りにしたパセリをトッピングする。

カニとキャベツのペペロンチーノ、グリーンマヨネーズ添え

材料—（1人分）

キャベツ…50g
（水…適量）
ブイヨン（固形ブイヨンを
　表示通りに溶いたもの）…40ml＋20ml
白ねぎ…30g
アサリのむき身の缶汁…20ml
にんにく（おろしたもの）…適量
しょうゆ…5ml
塩、胡椒…各適量
ガーリックオイル…30ml
▶作り方10ページ参照
カニ肉（缶詰でもOK）…40g
※トッピング
　グリーンマヨネーズ…20g

作り方

1 鍋に水を入れて沸騰させ、短冊状に切ったキャベツをさっと茹でて水気をきる。
2 鍋に1のキャベツ、ブイヨン40ml、長さ2cmに切った白ねぎを入れて中火にかけ、水分がなくなってきたら、弱火にして、アサリのむき身の缶汁、にんにく、しょうゆ、塩、胡椒、ガーリックオイル、最後にカニ肉を加えて、カニ肉が崩れないようにそっと混ぜ合わせる。
3 2に残りのブイヨンを加えて火を通し、アルデンテに茹で上げたスパゲティを加え、あえる。
4 温めておいた器に3を盛りつけ、しぼり出し袋に入れたグリーンマヨネーズを波状にトッピングする。

★アサリのむき身の缶汁の代わりに、アサリの酒蒸しの残り汁を使ってもいい。

グリーンマヨネーズ

多めに作って保存すれば、とても便利！　爽やかな風味の新感覚マヨネーズは、野菜たっぷりのサラダにもぴったりです。

■材料（でき上がり約150g分）
市販のマヨネーズ…100g
市販のジェノバペースト…50g

■作り方
ボウルに市販のマヨネーズ、市販のジェノバペーストを入れ、しっかり混ぜ合わせる。

イワシマリネを素揚げして使うのが、ピエトロ流。
シーフードたっぷりのペスカトーレで、
魚介のだしの旨みを味わいましょう。

ピエトロ風ペスカトーレ

材料―（1人分）

トマトソース…70ml
▶ 作り方44ページ参照
イワシマリネの素揚げ
　　イワシ…1/2尾
　　オリーブ油…適量
　　パセリ…適量
　　塩、胡椒…各適量
　　（揚げ油＜サラダ油など＞…適量）
タコブツ…30g
ホタテ（または小柱）…30g
ブイヨン（固形ブイヨンを
　表示通りに溶いたもの）…40ml
イカ…40g
トマト…20g
アサリのむき身の缶汁…20ml＋20ml
にんにく（おろしたもの）…適量
バター（スパゲティにからめる）…20g
バジル…1枚
塩、胡椒…各適量
※トッピング
　パセリ…適量

作り方

1　イワシマリネの素揚げを作る。フライパンに揚げ油を入れて強火にかけ、イワシマリネ（作り方71ページ参照）を4等分に切って素揚げし、油分をきっておく。

2　鍋にタコブツ、ホタテ、ブイヨンを入れて中火にかけ、水分がなくなってきたら弱火にして、幅1cmの輪切りにしたイカ、湯むきして2cmの角切りにしたトマト、アサリのむき身の缶汁20ml、にんにくを加えて、よく混ぜ合わせる。

3　2にトマトソース、手で細かくちぎったバジル、最後に1のイワシマリネの素揚げを加える。塩、胡椒で味をととのえて、イワシマリネの素揚げが崩れないようにそっと混ぜ合わせる。

4　3に残りのアサリのむき身の缶汁を加えて火を通し、アルデンテに茹で上げ、溶かしバターをからめたスパゲティを加え、あえる。

5　温めておいた器に4を盛りつけ、みじん切りにしたパセリをトッピングする。

ガーリックとバジルの香りが食欲をそそる、
野菜の具材だけでも
食べ応えのあるスパゲティです。

なすとトマトのシチリア風

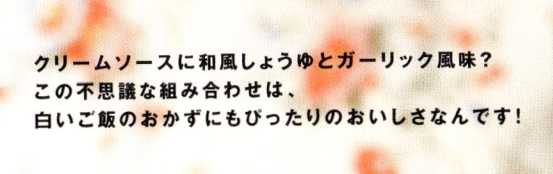

クリームソースに和風しょうゆとガーリック風味?
この不思議な組み合わせは、
白いご飯のおかずにもぴったりのおいしさなんです!

なすとポークの和風クリームスパゲティ、ガーリック風味

なすとトマトのシチリア風

材料—(1人分)

トマトソース…90ml
▶作り方44ページ参照
なす…80g
(揚げ油＜サラダ油など＞…適量)
たまねぎ…20g
ブイヨン(固形ブイヨンを
　表示通りに溶いたもの)…20ml
トマト…中1/4個
バジル…1枚
にんにく(おろしたもの)…適量
塩、胡椒…各適量
エクストラバージンオリーブ油…10ml
ガーリックオイル…30ml
▶作り方10ページ参照
※トッピング
　パルメザンチーズ…適量
　バジル…2枚

作り方

1 なすは長さを半分に切り、ひとつは皮付きのまま、もうひとつは皮をむいて、それぞれ2cmの角切りにする。フライパンに揚げ油を入れて強火にかけ、なすを素揚げし、油分をきっておく。

2 フライパンの揚げ油をあけてさっとふき、エクストラバージンオリーブ油を入れて中火にかけ、厚さ3mmに切ったたまねぎを炒める。たまねぎがしんなりしたら、1の皮むきなすを加えてヘラでつぶしながら炒め、ブイヨン、トマトソースも加えて、混ぜ合わせる。さらに1の皮付きなす、2cmの角切りにしたトマト、手で細かくちぎったバジル、にんにく、塩、胡椒も加えて、よく混ぜ合わせる。

3 別のフライパンにガーリックオイルを入れて中火にかけ、2のソースを加えてよく混ぜ合わせたら、アルデンテに茹で上げたスパゲティを加え、あえる。

4 温めておいた器に3を盛りつけ、削ったパルメザンチーズをふり、バジルをトッピングする。

なすとポークの和風クリームスパゲティ、ガーリック風味

材料—(1人分)

クリームソース…70ml
▶作り方45ページ参照
なす…60g
(揚げ油＜サラダ油など＞…適量)
豚もも薄切り肉…50g
サラダ油…適量
塩、胡椒…各適量
ブイヨン(固形ブイヨンを
　表示通りに溶いたもの)…40ml＋20ml
たまねぎ…1/4個
にんにく(おろしたもの)…適量
しょうゆ…5ml
バター(スパゲティにからめる)…20g
※トッピング
　万能ねぎ…2本
　にんにくチップ…適量

作り方

1 フライパンに揚げ油を入れて強火にかけ、ところどころ皮をむき、縦半分に切り、乱切りにしたなすを素揚げし、油分をきっておく。

2 フライパンの揚げ油をあけてさっとふき、サラダ油を入れて中火にかけ、食べやすい大きさに切った豚もも薄切り肉をじっくり焼く。焼き色がついてきたら、塩、胡椒をふる。

3 鍋にブイヨン40ml、厚さ5mmに切ったたまねぎを入れて中火にかけ、水分がなくなってきたら弱火にして、1のなす、2の豚肉、にんにく、しょうゆ、塩、胡椒、さらにクリームソースも加えて、よく混ぜ合わせる。

4 3に残りのブイヨンを加えて火を通し、アルデンテに茹で上げ、溶かしバターをからめたスパゲティを加え、あえる。

5 温めておいた器に4を盛りつけ、長さ5cmに切った万能ねぎ、にんにくチップをトッピングする。

ベーコンとポテトとなすのバジルクリーム

**あっさりとした見た目ですが、
ボリュームたっぷり、
男性でも満腹になれるメニューです。**

材料―（1人分）

ベーコン（あればブロック）…30g

じゃがいも…50g

なす…中1/3本

（揚げ油＜サラダ油など＞）…適量

ブイヨン（固形ブイヨンを
　表示通りに溶いたもの）…40ml＋20ml

にんにく（おろしたもの）…適量

塩、胡椒…各適量

バター（スパゲティにからめる）…20g

牛乳…40ml

生クリーム…30ml

市販のジェノバペースト
　（市販のバジルソースでもOK）…20g

作り方

1 フライパンに揚げ油を入れて強火にかけ、太めの棒状に切ったベーコンを素揚げし、油分をきっておく。

2 次に太めの棒状に切ったじゃがいも、縦6等分の棒状に切ったなすを素揚げし、油分をきっておく。

3 フライパンの揚げ油をあけてさっとふき、**1**のベーコン、**2**のじゃがいもとなす、ブイヨン40mlを入れて中火にかけ、水分がなくなってきたら、弱火にして、にんにく、塩、胡椒を加えて、混ぜ合わせる。

4 **3**に残りのブイヨン、牛乳、生クリーム、市販のジェノバペーストも加えて、よく混ぜ合わせる。

5 **4**にアルデンテに茹で上げ、溶かしバターをからめたスパゲティを加え、あえる。

6 温めておいた器に**5**を盛りつける。

トマトとモッツァレラの糸引きスパゲティ

材料 ― (1人分)

トマトソース…70ml
▶ 作り方44ページ参照
ブイヨン (固形ブイヨンを
　表示通りに溶いたもの)…40ml＋20ml
トマト…40g
にんにく (おろしたもの)…適量
バジル…1枚
エクストラバージンオリーブ油
　(スパゲティにからめる)…20ml
ピザ用シュレッドチーズ…30g
モッツァレラチーズ…30g
※トッピング
　パルメザンチーズ…適量

作り方

1　鍋にブイヨン40ml、2cmの角切りにしたトマト、にんにくを入れて中火にかけ、水分がなくなってきたら弱火にして、手で細かくちぎったバジルを加えて、よく混ぜ合わせる。

2　1に残りのブイヨン、トマトソース、ピザ用シュレッドチーズを加えて火を通し、5mmの角切りにしたモッツァレラチーズを入れ、アルデンテに茹で上げ、エクストラバージンオリーブ油をからめたスパゲティを加え、あえる。

3　温めておいた器に2を盛りつけ、削ったパルメザンチーズをトッピングする。

**トロトロのモッツァレラチーズの
おいしさを味わう秘訣は、
でき上がったらすぐ食べること！**

冷 製
シェフのこだわりスパゲティ

蒸し暑い夏だけでなく、
食欲がない時でも元気になれる、
爽やかな味わいの新感覚サラダ風スパゲティ、
おすすめ5レシピです。

1人分のレシピはすべて
スパゲティ（1.6mm）…110gを使用します（茹で方6ページ参照）。

ジェノバペーストの風味に
完熟トマト&葉野菜のサラダが爽やかにマッチ!
究極のシンプル冷製レシピです。

完熟トマトとバジリコのサラダスパゲティ

材料―(1人分)

葉野菜
　(グリーンリーフ、サニーレタスなど)…20g
水菜…4本
完熟トマト…中1個
エクストラバージンオリーブ油…5ml
塩、胡椒…各適量
市販のジェノバペースト…15g
ビネグレットソース…50ml
▶作り方33ページ参照
市販の和風マヨネーズ味の
　ドレッシング…20ml

作り方

1 葉野菜はよく洗って水気をきり、ひと口大に切る。水菜は長さ3cm、完熟トマトは縦8等分に切る。

2 ボウルに1の野菜類、エクストラバージンオリーブ油を入れて混ぜ合わせ、塩、胡椒をする。

3 別のボウルに市販のジェノバペースト、ビネグレットソース、塩を入れてよく混ぜ合わせる。

4 3に冷製用に茹で上げて冷やしたスパゲティを加え、あえる。

5 冷やしておいた器に4を盛りつけ、その上に2の野菜類をバランスよくのせ、最後に市販の和風マヨネーズ味のドレッシングをかける。

★ドレッシングは、『ピエトロドレッシング クリーミィ』がおすすめ。

和風マヨネーズ味のドレッシング

■材料(1~2人分)
たまねぎのしぼり汁…大さじ1
▶作り方21ページ参照
市販のマヨネーズ…大さじ1
市販の和風しょうゆ味のドレッシング…大さじ1

■作り方
ボウルにたまねぎのしぼり汁、市販のマヨネーズ、市販の和風しょうゆ味のドレッシングを入れて、よく混ぜ合わせる。

タラコ、山芋、すき昆布。
和の食材を組み合わせたユニークなレシピは、
ピエトロならではのオリジナル。

タラコの冷製スパゲティ、しそレモン風味

材料―(1人分)

紫たまねぎ…14g
ホワイトセロリ…8g
きゅうり…8g
青じそ…1枚
イカ…20g
(水…適量)
タラコ…20g(約1/3腹)
ビネグレットソース…50ml
▶ 作り方33ページ参照
すき昆布(水でもどしたもの)…4g
イクラ…10g
山芋…適量
レモン(8等分にカット)…1切れ
※トッピング
　セロリの葉…適量

作り方

1 紫たまねぎは厚さ1mmに、ホワイトセロリは長さ5cmに切り、きゅうりと青じそは細切りにする。
2 鍋に水を入れて沸騰させ、幅1cmの輪切りにしたイカをさっと茹でて水気をきり、粗熱を取って冷ましておく。
3 ボウルに薄皮を除いたタラコの身、ビネグレットソースを入れてよく混ぜ合わせる。
4 3に冷製用に茹で上げて冷やしたスパゲティを加え、あえる。
5 冷やしておいた器に4を盛りつけ、その上に1の野菜類、食べやすい大きさに切ったすき昆布、イクラをのせ、周りに2のイカものせる。最後にホワイトセロリの葉をトッピングして、すりおろした山芋をかけ、レモンを添える。

赤、緑、黄とカラフルな色合いが
ごちそう気分を盛り上げる、
目にも鮮やかな楽しいひと皿!

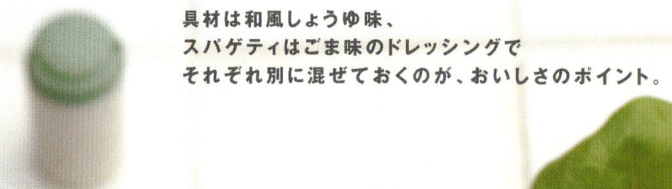

具材は和風しょうゆ味、
スパゲティはごま味のドレッシングで
それぞれ別に混ぜておくのが、おいしさのポイント。

カニとキャベツの冷製スパゲティ、ミモザ仕立て

材料—(1人分)
キャベツ…60g
(水…適量)
青じそ…2枚
カニ肉(あれば足の棒肉)…25g
ケッパー…5〜6粒
エクストラバージンオリーブ油…20ml
塩、胡椒…各適量
ビネグレットソース…50ml
▶ 作り方33ページ参照
グリーンマヨネーズ…20g
▶ 作り方76ページ参照
レモン汁…1/8個分
※トッピング
　茹で卵…1/2個

作り方

1 鍋に水を入れて沸騰させ、短冊状に切ったキャベツをさっと茹でて水気をきり、粗熱を取って冷ましておく。青じそは粗切りにする。
2 ボウルに1のキャベツ、カニ肉、ケッパー、エクストラバージンオリーブ油を入れて混ぜ合わせ、塩、胡椒をする。
3 別のボウルにビネグレットソースを入れ、冷製用に茹で上げて冷やしたスパゲティと青じそを加え、あえる。
4 冷やしておいた器に3を盛りつけ、その上に2をバランスよくのせ、全体にさいの目に切った茹で卵をトッピングし、最後にグリーンマヨネーズ、レモン汁をかける。

ローストチキンとなすのごま風味

材料—(1人分)
簡単ローストチキン
　鶏もも肉…60g
　サラダ油…適量
　塩、胡椒…各適量
トマト…中1/4個
きゅうり…30g
さやいんげん…2本
(水…適量)
なす…50g
(揚げ油<サラダ油など>…適量)
市販の和風しょうゆ味
　低カロリータイプのドレッシング…20ml
市販のごま味のドレッシング
　(しゃぶしゃぶ用のごまダレでもOK)
　…30ml＋20ml
サラダ菜…1枚
※トッピング
　白ねぎ…10g
　万能ねぎ…適量

作り方

1 簡単ローストチキンを作る。フライパンにサラダ油を入れて中火にかけ、塩、胡椒をすり込んだ鶏もも肉を、皮の部分を下にして焼く。皮がパリパリに焼けてきたら弱火にしてふたをし、上下を返しながらじっくり焼く。焼き上がったら、厚さ2cmのそぎ切りにする。
2 トマトはさいの目切り、きゅうりは細切りにする。
3 鍋に水を入れて沸騰させ、長さ5cmに切ったさやいんげんをさっと茹でて水気をきり、粗熱を取って冷ましておく。
4 フライパンに揚げ油を入れて強火にかけ、縦半分に切って乱切りにしたなすを素揚げして油分をきり、粗熱を取って冷ましておく。
5 ボウルに1の簡単ローストチキン、2のトマト、3のさやいんげん、4のなすを入れ、市販の和風しょうゆ味低カロリータイプのドレッシングを加えて、よく混ぜ合わせる。
6 別のボウルに市販のごま味のドレッシング30mlを入れ、冷製用に茹で上げて冷やしたスパゲティを加え、あえる。
7 冷やしておいた器にサラダ菜をしいて6を盛りつけ、2のきゅうりをまんべんなくのせ、その上に5をバランスよくのせる。小口切りにした白ねぎと万能ねぎをトッピングし、最後に残りの市販のごま味のドレッシングをかける。

★ドレッシングは、『ピエトロドレッシング ライトタイプ』がおすすめ。
　▶ 手作りレシピ24ページ参照
★ドレッシングは、『ピエトロドレッシング ごま』がおすすめ。

4種類の木の子をたっぷり使った、
しょうゆ味が懐かしい、
純和風の冷たいスパゲティです。

木の子のサラダスパゲティ

材料―(1人分)
しめじ…40g
えのきだけ…30g
生しいたけ…20g
マッシュルーム(缶詰でもOK)…40g
さやいんげん…1本
(水…適量)
レタス…1枚
市販のごま味のドレッシング
　(しゃぶしゃぶ用のごまダレでもOK)
　…50ml
※トッピング
　トマト…中1/8個

作り方

1 木の子類はいしづきを切り落とし、しめじとえのきだけは、手で食べやすい大きさにほぐし、生しいたけとマッシュルームは、厚さ3mmに切る。さやいんげんは縦半分に切って、長さ5cmに切る。

2 鍋に水を入れて沸騰させ、1の木の子類とさやいんげんをさっと茹でて水気をきり、冷ましておく。

3 冷やしておいた器にひと口大にちぎったレタスをしき、冷製用に茹で上げて冷やしたスパゲティを盛りつけ、その上に2をのせる。

4 さいの目に切ったトマトをトッピングし、最後に市販のごま味のドレッシングをかける。

★ドレッシングは、『ピエトロドレッシング ごま』がおすすめ。

スウィーツ

スパゲティで満腹になっても、
スウィーツはまた別のところに入るから、不思議。
ピエトロが教えてくれた4レシピは、
食後のデザートだけでなく、午後のおやつにもぴったりです。

甘過ぎない大人顔の
チョコレートケーキは
甘さ、コク、香りのすべてが絶妙!

パスタやサラダを食べたあとでも、
このチーズケーキのコクを味わいたい!
と大人気のピエトロオリジナル。

ガトーショコラ

材料 —（直径15cmの丸型1個分）
製菓用チョコレート…50g
無塩バター…35g
卵白…2個分
卵黄…2個分
グラニュー糖…45g＋35g
生クリーム…45ml
薄力粉…15g
ココア…35g
お好みでホイップクリーム…適量

作り方

1 耐熱皿に細かく刻んだ製菓用チョコレートと無塩バターを入れ、ラップをかけずに、電子レンジ（500Ｗ）で約40秒加熱して溶かし、粗熱を取る。
2 ボウルに卵白、グラニュー糖45gを入れ、角が立つまでしっかりと泡立て、メレンゲを作る。
3 別のボウルに卵黄、残りのグラニュー糖を入れ、白っぽくなるまですり混ぜたら、1を加えてしっかり混ぜ合わせる。
4 3に生クリームを入れてさらに混ぜ、2のメレンゲの1/4量も加えて、まんべんなく混ぜ合わせる。
5 4に薄力粉とココアをふるいながら一度に加え、ゴムベラで底のほうからざっくり混ぜ合わせる。
6 5に残りのメレンゲを3回に分けて入れ、気泡をつぶさないように混ぜ合わせる。
7 ベーキングシートをしいた型に6を流し入れ、145℃に温めておいたオーブンで、約1時間焼く。食べやすい大きさに切り、お好みで、ホイップクリームを添えて。

焼きチーズケーキ

材料 —（直径15cmの丸型1個分）
卵黄…2個分
卵白…1個分
上白糖…25g＋25g
ヨーグルト（無糖タイプ）…45g
生クリーム…45ml
クリームチーズ…200g
無塩バター…20g
市販のスポンジ
　…直径15cmの丸形1cm分

作り方

1 ボウルに卵黄、卵白、上白糖25gを入れてよく混ぜ、ヨーグルト、生クリームを加えてしっかり混ぜ合わせる。
2 別のボウルに、室温においてやわらかくしたクリームチーズ、残りの上白糖を入れ、ヘラで混ぜ合わせながらさらにやわらかくする。湯煎で溶かした無塩バターを加え、まんべんなく混ぜ合わせる。
3 2に1を少しずつ加え、さらに混ぜ合わせる。よく混ざったら、こし器でこす。
4 型の底に市販のスポンジをしき、3を流し入れる。
5 水（分量外）を高さの半分くらいまで注いだ天板に4の型をのせ、140℃に温めておいたオーブンで、約40分焼く。オーブンを開けて蒸気を抜き、天板に水を足して、再び140℃で約15分焼く。さらにオーブンを開けて蒸気を抜き、天板に水を足して、140℃で約10分、様子を見ながら焼く。竹串を刺して、中までしっかり焼けていれば、オーブンから取り出して冷ます。

ベリーベリーパルフェ

材料 ―（1人分）

洋なしコンポート（缶詰）…30g
ラズベリーソース…30ml
生クリーム…適量
グラニュー糖…適量
玄米フレーク…5g
バニラアイスクリーム…30g
カシスジェラート…30g
市販のブルーベリーソース…15ml
※トッピング
　フランボアーズ…適量
　ブラックベリー…適量
　ストロベリー…1個
　アーモンドスライス…適量
　ミント…適量

作り方

1 アーモンドスライスは160℃に温めておいたオーブンで、約10分ローストする。
2 洋なしコンポートは汁気をきり、1.5cmの角切りにする。
3 深めのグラスなどの器にラズベリーソース、グラニュー糖を加えてホイップした生クリーム、2の洋なしコンポート、玄米フレークを順に入れ、バニラアイスクリームとカシスジェラートを（ディッシャーがあれば各1玉にして）盛りつける。その上に市販のブルーベリーソースをかけ、フランボアーズ、ブラックベリー、ストロベリー、1のアーモンドスライス、ミントをトッピングする。

ラズベリーソース

多めに作って保存すれば、とても便利！
ヨーグルトやチーズケーキにもぴったりのフルーツソースです。

■材料（でき上がり約150ml分）
フランボアーズ（冷凍でもOK）…50g　　クランベリージュース…75ml
ガムシロップ…25ml　　　　　　　　　ストロベリージャム…適量
■作り方
ボウルにすべての材料を入れて、よく混ぜ合わせる。

メープルシロップとクルミのパルフェ

材料 ―（1人分）

洋なしコンポート（缶詰）…30g
玄米フレーク…15g
バニラアイスクリーム…80g
メープルシロップ…20ml
※トッピング
　クルミ…10g
　ミント…適量

作り方

1 クルミは粗く刻み、160℃に温めておいたオーブンで、約10分ローストする。
2 洋なしコンポートは汁気をきり、1.5cmの角切りにする。
3 深めのグラスなどの器に玄米フレーク、2の洋なしコンポートを順に入れ、バニラアイスクリームを（ディッシャーがあれば2玉にして）盛りつける。その上にメープルシロップをかけ、1のクルミ、ミントをトッピングする。

ひと手間かけるだけで、
バニラアイスクリームが、
こんなに豪華なデザートに変身！

ラズベリーとブルーベリーの
2種類のベリーソースが
爽やかなパルフェです。

素材別スパゲティINDEX

【野菜】

[なす]
なすとひき肉の辛味スパゲティ …… 8
ベーコン&なすのペペロンチーノソース …… 47
なすとトマトのシチリア風 …… 78
なすとポークの和風クリームスパゲティ、
　ガーリック風味 …… 79
ベーコンとポテトとなすのバジルクリーム …… 81
ローストチキンとなすのごま風味 …… 86

[キャベツ]
蒸したキャベツの2色ソーススパゲティ …… 17
カニとキャベツのペペロンチーノ、
　グリーンマヨネーズ添え …… 75
カニとキャベツの冷製スパゲティ、
　ミモザ仕立て …… 86

[ほうれん草]
ベーコン&ほうれん草のクリームソース …… 46
ソーセージ&ほうれん草のしょうゆソース …… 49
エビ&ほうれん草のしょうゆソース …… 50
イカ&ほうれん草のしょうゆソース …… 52
ツナ&ほうれん草のしょうゆソース …… 56
チキン&ほうれん草のトマトソース …… 59
ひき肉&ほうれん草 …… 67

[高菜]
納豆&高菜 …… 63
高菜のスパゲティ …… 64
高菜&ベーコン …… 65
高菜&ひき肉 …… 65

[トマト]
なすとトマトのシチリア風 …… 78
トマトとモッツァレラの糸引きスパゲティ …… 82
完熟トマトとバジリコのサラダスパゲティ …… 84

[野菜いろいろ]
サラダスパゲティ …… 14
かぶと大根の冷製カッペリーニ …… 19
イカ&グリーンアスパラガスの
　ペペロンチーノソース …… 53

ツナ&ブロッコリーのトマトソース …… 57
絶望スパゲティ …… 70
ルッコラとやわらかチキンのごま風味 …… 72
ベーコンとポテトとなすのバジルクリーム …… 81

【肉類】

[ひき肉]
なすとひき肉の辛味スパゲティ …… 8
ボロネーズ …… 12
ミートスパゲティグラタン …… 15
納豆&ミートソース …… 63
高菜&ひき肉 …… 65
ひき肉のスパゲティ …… 66
ひき肉&しめじ …… 67
ひき肉&ほうれん草 …… 67

[ソーセージ]
ソーセージと青じそ、にんにく、
　唐辛子のスパゲティ …… 9
ソーセージのペペロンチーノソース …… 48
ソーセージ&ツナのトマトソース …… 48
ソーセージ&ほうれん草のしょうゆソース …… 49
ソーセージ&しめじのペペロンチーノソース …… 49

[ベーコン]
カルボナーラ …… 13
ベーコンのペペロンチーノソース …… 46
ベーコン&ほうれん草のクリームソース …… 46
ベーコン&しめじのしょうゆソース …… 47
ベーコン&なすのペペロンチーノソース …… 47
アサリ&ベーコンのクリームソース …… 55
納豆&カリカリベーコン …… 63
高菜&ベーコン …… 65
ベーコンとポテトとなすのバジルクリーム …… 81

[チキン]
チキンのペペロンチーノソース …… 58
チキン&しめじのしょうゆソース …… 58
チキン&ほうれん草のトマトソース …… 59
チキン&マッシュルームのクリームソース …… 59
ルッコラとやわらかチキンのごま風味 …… 72

まろやか卵とチキンのペペロンチーノ …… 73
ローストチキンとなすのごま風味 …… 86

[ポーク]
なすとポークの和風クリームスパゲティ、
　ガーリック風味 …… 79

【魚介類】

[エビ]
エビのクリームソース …… 50
エビ＆ほうれん草のしょうゆソース …… 50
エビ＆マッシュルームのトマトソース …… 51
エビ＆しめじのしょうゆソース …… 51
アサリ＆エビのトマトソース …… 54

[イカ]
イカのしょうゆソース …… 52
イカ＆ほうれん草のしょうゆソース …… 52
イカ＆グリーンアスパラガスの
　ペペロンチーノソース …… 53
イカ＆しめじのしょうゆソース …… 53
タラコ＆イカ …… 61

[アサリ]
アサリのしょうゆソース …… 54
アサリ＆エビのトマトソース …… 54
アサリ＆しめじのペペロンチーノソース …… 55
アサリ＆ベーコンのクリームソース …… 55

[ツナ]
ソーセージ＆ツナのトマトソース …… 48
ツナのクリームソース …… 56
ツナ＆ほうれん草のしょうゆソース …… 56
ツナ＆マッシュルームのしょうゆソース …… 57
ツナ＆ブロッコリーのトマトソース …… 57

[タラコ]
タラコのスパゲティ …… 60
タラコ＆しそ …… 61
タラコ＆イカ …… 61
タラコ＆マヨネーズ …… 61

タラコの冷製スパゲティ、しそレモン風味 …… 85

[カニ]
カニとカニみそのスパゲティ …… 74
カニとキャベツのペペロンチーノ、
　グリーンマヨネーズ添え …… 75
カニとキャベツの冷製スパゲティ、
　ミモザ仕立て …… 86

[魚介類いろいろ]
ピエトロ風ペスカトーレ …… 77

【その他】

[木の子]
木の子いろいろ …… 11
ベーコン＆しめじのしょうゆソース …… 47
ソーセージ＆しめじのペペロンチーノソース …… 49
エビ＆マッシュルームのトマトソース …… 51
エビ＆しめじのしょうゆソース …… 51
イカ＆しめじのしょうゆソース …… 53
アサリ＆しめじのペペロンチーノソース …… 55
ツナ＆マッシュルームのしょうゆソース …… 57
チキン＆しめじのしょうゆソース …… 58
チキン＆マッシュルームのクリームソース …… 59
ひき肉＆しめじ …… 67
木の子のサラダスパゲティ …… 88

[卵]
カルボナーラ …… 13
まろやか卵とチキンのペペロンチーノ …… 73

[納豆]
納豆のスパゲティ …… 62
納豆＆カリカリベーコン …… 63
納豆＆ミートソース …… 63
納豆＆高菜 …… 63

PIETRO'S PASTA BOOK
ピエトロのパスタ
We Love Pasta!

発行日　2005年8月30日　第1刷
　　　　2007年9月20日　第5刷

著　者　ピエトロ
発行人　伊東勇
編　集　堀江由美
発行所　株式会社パルコ
　　　　エンタテインメント事業局 出版担当
　　　　東京都渋谷区宇田川町15-1
　　　　03-3477-5755
　　　　http://www.parco-publishing.jp
印刷・製本　大日本印刷株式会社

©2005 PIETRO CO.,LTD.
©2005 PARCO CO.,LTD.
無断転載禁止
ISBN978-4-89194-720-0 C2077

Staff

監修　株式会社ピエトロ 代表取締役社長　村田邦彦
料理監修・制作　株式会社ピエトロ レストラン事業部
協力　株式会社ピエトロ ブランディング室
　　　http://www.pietro.co.jp/

写真　白川浩紀
アートディレクション　鳥沢智沙（sunshine bird graphic）
スタイリング　佐々木カナコ
編集　本村範子（本村アロテア事務所）